MW01641754

REMBRANDT

Georg Simmel

Rembrandt

Ensayo de filosofía del arte

Traducción del alemán por *Emilio Estiu*

prometeo
libros

Simmel, Georg
Rembrandt: ensayo de filosofía del arte - 1a ed. - Buenos Aires: Prometeo Libros, 2006.
174 p. ; 15x21 cm.

Traducido por: Emilio Estiu

ISBN 987-574-062-4

1. Filosofía del Arte. 2. Rembrandt. I. Emilio Estiu, trad. II. Título
CDD 701

Av. Corrientes 1916 (C1045AAO), Buenos Aires
Tel.: (54-11) 4952-4486/8923 / Fax: (54-11) 4953-1165
info@prometeolibros.com
www.prometeolibros.com

Diseño: R&S
Armado: Cutral Ediciones | Aymará Petrabissi

ISBN: 987-574-062-4
Hecho el depósito que marca la Ley 11.723

Índice

Introducción de Daniel Mundo 9
Prólogo 13
Capítulo I. La expresión del alma 17
La continuidad de la vida y el movimiento de expresión 17
Ser y devenir en el retrato 20
La serie de retratos y de dibujos 23
Lo cerrado y lo abierto en el retrato 25
El círculo en la representación artística del hombre 28
La animación del retrato 33
El realismo subjetivo y el autorretrato 37
La creación artística 41
Lo pasado de la vida en el cuadro 46
La representación artística de la movilidad 52
La unidad de la composición 56
Precisión y detalle 61
La vida y la forma 65
Capítulo II. La individualización y lo universal 75
Lo típico y la representación 75
Dos concepciones de la vida 80
Nota sobre la individualidad de la forma y el panteísmo 83
La muerte 84
El carácter 93
Belleza y perfección 95
La individualística del Renacimiento y Rembrandt 101
Clases de universalidad 105
El arte de la ancianidad 109

La visión inespacial 111
El tono sentimental 114
El destino del hombre y el cosmos heracliteano 115
Capítulo III. El arte religioso 123
La religión objetiva y subjetiva en el arte 123
La devoción 125
La existencia concreta del hombre y la vida religiosa 130
Las clases de unidad en los cuadros religiosos 134
Religiosidad individual, mística y calvinismo 136
La espiritualidad 142
La creación artístico-religiosa. 144
La luz: su individualística e inmanencia 147
Digresión. – ¿Qué vemos en la obra de arte? 154
El contenido dogmático. 162
Conclusión. Creación y configuración 165
Los contrastes en el arte 169
Bibliografía 173
1. Obras de Simmel en lengua alemana 173
2. Obras de Simmel en lengua española. 173

Introducción

Georg Simmel es un pensador de actualidad. Esto significa, entre otras cosas, que su poder de crear marcos reflexivos para situaciones impensadas, o de iluminar configuraciones problemáticas en el momento en que despuntan, continúa funcionando como un guía orientador en la oceánica vida de la modernidad tardía. Su matriz de pensamiento es tan originaria o fecunda que sigue echando luz sobre núcleos fundamentales que el pensamiento instituido aún hoy no alcanza a pensar. *Rembrandt. Ensayo de filosofía del arte* puede leerse como un catalizador epocal que por un lado condensa el pensamiento de Simmel y por otro anuncia o abre zonas de reflexión que todavía no han terminado de cicatrizar.

El *Rembrandt* apareció en 1916, dos años antes de la muerte de Simmel. Como un poco más tarde harían otros filósofos que podrían catalogarse de existencialistas (pienso en Karl Jaspers y su librito sobre Leonardo; pienso en Merleau-Ponty y su admiración por Cézanne), Simmel encuentra en la obra de arte, y en este caso en la pintura de Rembrandt, la base para desplegar su filosofía madura. En este sentido, pero también en los temas que aborda, y principalmente en la forma de abordarlos, Simmel es presentable en sociedad como un protoexistencialista. En todo caso, un existencialista que no llegó a actualizar el vocabulario de la filosofía decimonónica, aunque fuera consciente de la necesidad de hacerlo. La vida parcial y la vida total, la muerte, el tiempo, el movimiento, la obra de arte, el alma y el cuerpo, la religión y lo religioso, el devenir y el ser, lo fluente, lo indeterminado, son las cuñas por las que se puede escalar el *Rembrandt*. La altura a la que conducen ofrece esa extraña hospitalidad fundada en un sentimiento de camaradería que se ubica más allá "de la esperanza y de la desesperanza", más allá de la confianza o del miedo.

Una lectura apresurada podría hacer creer que Rembrandt es la excusa o un compendio de ejemplos para los temas que Simmel hubo venido madurando a lo largo de su vida. En cierta manera esto es cierto: los cuadros y grabados de Rembrandt son un buen lugar para mostrar las distintas tensiones que estructuran el pensamiento de Simmel. Pero una lectura como ésta desconoce las peculiaridades que caracterizan al estilo simmeliano, digresivo y caprichoso, que conforma con la obra de arte una argamasa común de pensamiento. Como lo repitió en distintos lugares, Simmel estaba convencido que la filosofía del porvenir tendría que superar las dicotomías clásicas del pensamiento heredado. Más que de una síntesis *more* hegeliana, de lo que se trataría es de la creación o del develamiento de una instancia originaria que la reflexión teórica suele dividir, o es incapaz de comprender en su individualidad unitaria.

La obra de Simmel parece abocada a desmenuzar distintas oposiciones hasta volver a encontrar la unidad fundante que se halla en su base y las sostiene. La oposición de la vida y la muerte es una de las tensiones centrales que abren la lectura de los cuadros de Rembrandt. Es también uno de los núcleos del pensamiento de Simmel. Para éste, este dualismo –producto de la actividad intelectual, de esa instancia segunda que hace de la vida un objeto de reflexión– se da en el horizonte de una vida plena total que trasciende las vidas y las muertes tanto de los hombres individuales –la existencia auténtica– como de lo que Simmel entiende por los hombres promedio o comunes. La muerte, para Simmel, y también para Rembrandt, en vez de ser una coda exterior o una interrupción exógena del flujo vital, debe imaginarse como una instancia que crece en el interior de la vida misma, la muerte como una fuerza inmanente de la existencia que al consumarla, la realiza. Si Simmel recalca que "los dibujos de Rembrandt ... tienen algo de peculiarmente inacabado" es porque para él la vida misma y su final nunca terminan de cumplirse o acabarse.

Otra oposición que aparece en más de una obra de Simmel, y que en el *Rembrandt* ocupa un lugar central, es la que se entabla entre el cuerpo y el alma. Este dualismo fuerza el olvido de la unidad indivisa y originaria que es el hombre concreto o viviente, y que Rembrandt llega a plasmar en sus cuadros y retratos. Estos, del mismo modo que un pensamiento original o la vida prerreflexiva, crecen y van "más allá de ellos mismos", pues son capaces de irradiar el poder de la vida que los alimentó. Esta afirmación, por cierto, puede resultar contradictoria con la sensación que embarga al contemplar sus cuadros, ya que los personajes representados, más que cargados de vitalidad, parecen seres débiles a punto de desprenderse de la vida. Rembrandt crea la ilusión que ese momento final edificado a lo largo de toda la vida puede ser capturado por un ojo sensible. Ese es el ojo de Rembrandt. Rembrandt –podría decirse– es el pintor del cuerpo, pero no del cuerpo en abstracto, como ente universal, parámetro de belleza, sino del cuerpo en su detalle mínimo, en el breve gesto amoroso que pasa como desapercibido, y que en la vida cotidiana es lo primero que se percibe al entrar en comunicación con los otros. O para decirlo con otras palabras, en las obras de Rembrandt –como en las de casi ningún otro pintor– se palpa la carnalidad del tiempo, su densidad, su lenta e inflexible construcción, que es su consumación: "En Rembrandt se busca un desarrollo temporal del ser". La pintura obra en sus personajes o héroes, que son seres comunes y cotidianos, una transformación que los convierte en hombres singulares que cumplen "el principio de la individualidad", sustento de la libertad humana de crear: asumir corporal y anímicamente la vida, y darle una forma o un sentido.

La oposición entre un ahora fijo y aislado y un pasado superado y un futuro incognoscible –escisión que resulta de la reflexión analítica– se percibe, al suspender la intelectualización, como una "unidad temporalmente extendida", como un devenir que sentimos tanto preñado del pasado en el que se sedimenta como de la potencialidad del futuro al que tiende. La oposición entre lo fijo e intemporal –la forma en sentido clásico– y lo moviente y finito supone un continuo previo o a priori en el que cualquier corte, interrupción o estado del ser que ofrezca un contenido específico nos extraña y aleja de la vida vivida, del impulso vital que moviliza nuestro espíritu (que es –como se sugirió hace un momento– origen y a la vez síntesis del cuerpo y del alma). Simmel muestra cómo para Rembrandt "la forma sólo es un momento cualquiera de la vida ... el modo contingente con la que su ser, es decir su devenir, se vuelve hacia fuera". El presente sería de este modo la forma abierta que el individuo construye y que moldea tanto su pasado retenido como su proyecto no conocido de futuro: "que cada instante de la vida es toda la vida es lo que la expresión artística revela con pureza y univocidad".

La obra de Rembrandt actualiza permanentemente algunos grandes temas, o un único tema matizado por diferentes perspectivas: el cuerpo y su espacio de sensibilidad, que es el espacio de la soledad y la carencia, pero también del placer; o también: el cuerpo sintiente que soporta con mesurada felicidad el paso del tiempo, su envejecimiento, su decrepitud. Este cuerpo sufriente se convierte en el soporte indelegable de la vida. Al estado de ánimo que lo embarga, a la manera en que recibe la gravedad de la existencia –que los retratos de Rembrandt iluminan de un modo cabal– Simmel lo llama religión. La religión es una de las formas tradicionales para enfrentar la certeza de nuestro dolor, de nuestra vulnerabilidad. Cuando Simmel reflexiona sobre ella lo hace partiendo de una escisión entre los contenidos religiosos objetivos en los que se cree, y la vida religiosa –*lo religioso*–, que nos insta a creer más allá de cualquier contenido. Simmel encuentra una afinidad con Rembrandt debido a que pareciera que para éste la religión –es decir, en palabras de Simmel, "la forma fundamental de la vida personal"– nace desde el alma, o "será siempre una actividad o consistencia del alma humana", más allá de que el mundo que habiten los hombres sea "un mundo objetivamente devoto /o/ un mundo objetivamente indiferente". La religión que emana de sus figuras daría cuenta no de un orden trascendente en el cual se cree o se teme, sino de un estado anímico en el que "se ata el vínculo con su Dios", y también con los otros hombres y con el mundo. La devoción de los personajes de Rembrandt proviene de sí mismos, de su capacidad de sentir, admirar y creer, pues no se moldea en la obediencia a un orden superior y preexistente.

Por los temas que se impone reflexionar y por la manera en que lo intenta hacer Simmel cumpliría las funciones de un adelantado, un aventurero que trasciende los límites de lo conocido, los extiende y empuja. Es decir, amplía el campo de lo pensable. Por ello, las misiones que se impuso pensar muchas veces lo condujeron a extraños lugares que él volvió hospitalarios, y que dudo que haya podido imaginar al comenzar la marcha. Simmel trepa por la obra de Rembrandt –o si se quiere: la cala como un ebanista– de tal manera que encontramos a cada paso una afinidad esencial entre la voz del pintor y la del filósofo, no como si ambos pensaran lo mismo, sino como si uno necesitara del otro para continuar pintando y pensando. El lector puede aprovecharse de este comercio, es decir, puede, si lo desea, contemplar la configuración que esta máquina de pensar alborea, y gozar de lo que llega a ver, o puede practicar en el nuevo territorio esbozado una pequeña senda que lo conduzca más allá de lo que sabe pero que ya siente o presiente.

La presente edición respeta la traducción de Emilio Estiu. Apenas se han hecho algunas actualizaciones ortográficas y de puntuación. La primera edición en español data de 1950, y la realizó la en aquella época pletórica Editorial Nova.

Daniel Mundo

Prólogo

Sobre la base de los ensayos científicos tendientes a interpretar y valorar la obra de arte, la decisión debe estar entre dos direcciones. Su punto de separación lo constituye la vivencia del arte, el hecho primario e indiviso de que la obra está allí, ejerciendo su inmediata eficacia sobre el que la aprehende. Desde aquí, por decirlo así, desciende la dirección analítica. Por una parte, busca las condiciones históricas que permiten que la obra se ordene comprensiblemente en la evolución del arte; por otra parte, partiendo de la obra, alcanza sus particulares factores de eficacia: la tirantez o la flojedad de la forma, el esquema de la composición, el aprovechamiento de las dimensiones espaciales, la colocación, la elección del material y muchos otros.

Pero a la conciencia científica le conviene aclarar que por ninguno de los dos caminos se alcanza la comprensión de la obra de arte como tal o de su efectiva significación anímica. Pues, en primer lugar, toda evolución histórica presupone ya el valor del contenido objetivo *en virtud del cual se atiende, en general, a su historia. Por eso tomamos en consideración la evolución histórica del arte de Rembrandt pero no la de un chapucero cualquiera. Evidentemente no podemos prescindir de esta evolución, sino que ella está fundada en la captación del valor que vinculamos con la obra misma con una total prescindencia de las condiciones de su desarrollo temporal. A ellas, entendidas como condiciones que han llegado a ser o que existen, se aplica el análisis estético indicado. Pero, aunque se hubiesen tornado accesibles aquellos componentes del cuadro, no se habría captado plenamente ni la creación ni el efecto de la obra de arte. Pues el fenómeno artístico acabado se puede presentar, por cierto, desde muchos puntos de vista, tanto formales como de contenido, y se dividirá así en los puros y singulares factores de impresión. Pero ese efecto estético es tan poco posible de ser restaurado con los elementos que lo componen y, por tanto, tan poco comprensible, como lo sería la reconstrucción de un cuerpo viviente con los miembros dispersos en una mesa de disecciones. La simultaneidad estética le equivale tan poco como la sucesión histórica, pues lo decisivo es algo totalmente diferente:* la unidad *creadora, que quizá se sirva de aquellos factores como medios y posea en éstos su superficie captable y analíticamente descriptible. Pero la mayor ilusión es querer concebir la esencia del arte y el rango de su obra como la adición de aquellas categorías. Tampoco el efecto de la obra de arte es igual a la suma de las impresiones de todos sus lados y cualidades, a la que lo rebaja una estética analítica. Antes bien, lo decisivo es también aquí algo enteramente unitario que se eleva desde o por encima de aquellos efectos singulares; y todos los análisis psicológicos –el modo como actúa este o aquel color u objetividad coloreada, la liviandad o pesadez con que concebimos ciertas obras, las asociaciones que se encadenan a determinados datos y todos los demás puntos afines– manifiestan la eficacia sin más central y anímica que constituye la vivencia artística como tal.*

Ahora bien, me parece que esta vivencia no entra en las formas del conocimiento científico en general. Su único modo de existir está en el hecho de que llegue a ser inmediatamente sentida, y tenemos, por así decirlo, que dejarla intacta. Constituye la línea divisoria en que se separan las dos direcciones del conocimiento del arte. Mientras que aquel tratamiento analítico de las determinaciones singulares de la obra de arte y de su proceso de captación sigue estando, en cierto modo, delante *de la unidad creadora y receptiva de la vivencia,* detrás *de ésta comienza la otra directiva de la consideración, la que se puede llamar filosófica, Presupone la totalidad de la obra de arte, como existencia y vivencia, y trata de instalarla en la amplitud entera de la movilidad del alma: en las alturas de la conceptuación y en la profundidad de los conflictos históricos universales. El arte de Rembrandt parece ser particularmente apropiado para semejante ensayo porque frente a él, debido a su carácter objetivo, se fundamenta en profundidad aquella vivencia irracional que se cumple con la mayor pureza y accesibilidad en la música; es decir, lo apropiado de su arte es la desconexión de su propia esencia con la estética analítica, por un lado, y con el más amplio pensamiento conceptual y metafísico, por el otro. Justamente por eso, el presupuesto de los problemas singulares en los cuales se ha de mover este pensamiento es la vivencia entendida de modo tan indivisible como eficaz.*

Aquí están los límites de las discusiones que no tratan de aclarar la obra de arte histórica, técnica o estéticamente, sino que, por ser filosóficas, buscan aquello que se puede llamar su sentido: las relaciones entre su más íntimo centro y el círculo más exterior en el que transcribimos, por nuestros conceptos, el mundo y la vida. Pues no es posible fijar con univocidad objetiva aquella primaria vivencia de la obra de arte a la que trata de aproximarse la investigación filosófica. Aunque lo teórico puede surgir de ella, la vivencia del arte sigue siendo algo efectivo y es inaccesible a la teoría; pero no está determinada por un arbitrio casual sino por una justicia siempre individual que permite trazar, partiendo de ella, las líneas filosóficas en diversísimas direcciones. Se puede pretender que cada grupo de tales líneas conduce a las decisiones últimas; pero ninguna debe pretender conducir a la última.

Lo que siempre me ha parecido una tarea esencial de la filosofía, sondear, desde lo singular e inmediato, desde lo simplemente dado, la capa de las significaciones espirituales últimas, es lo que ahora buscamos en el fenómeno Rembrandt. Los conceptos filosóficos no siempre han de mantenerse en su propia sociedad, sino que también deben tener en cuenta lo que la superficie de la existencia da , y no, como hacía Hegel, que vinculaba con esto la condición de que ya lo existente determinado e inmediato hubiera sido elevado a nobleza filosófica. Antes bien la existencia permanece calmosamente en su simple efectividad y bajo sus leyes inmediatas, y únicamente puede ser abarcada por las líneas de la red que proporciona su vínculo con las ideas. Esta simple efectividad es esa vivencia de la obra de arte que yo admito como lo indisolublemente primario. El hecho de que las líneas directivas, filosóficamente asignadas, se corten en un punto más externo y que se puedan ordenar así en un sistema filosófico es un prejuicio monista que contradice –de un modo más funcional que sustancial– a la esencia de la filosofía.

De esta actitud metódica, por una parte y, por la otra, de aquella individual determinación de las vivencias presupuestas como la realidad, resulta el límite indicado para la pretensión de estas investigaciones: sólo pretenden estar al lado de otros puntos de partida y de otras direcciones completándose con éstas si es que no la contradicen. Las esperanzas que estas páginas puedan satisfacer o dejar insatisfechas lo decidirán ellas mismas y no su programa; éste, como posición límite, sólo debe conmover las esperanzas de destruir de antemano la insatisfacción.

Capítulo I
La expresión del alma

La continuidad de la vida y el movimiento de expresión

Las necesidades y producciones prácticas de nuestras facultades pasivas y activas rara vez nos permiten sentir la vida en su unidad y totalidad. Antes bien, advertimos sus contenidos, destinos y sutilezas singulares –lados y partes de que se compone el todo. El fundamento de ello está en que nuestra vida tiene la forma de un proceso que se desarrolla con cambiantes contenidos, mientras que éstos, además de estar en la serie vital, se pueden ordenar en otras: lógicas, técnicas, ideales. Un objeto intuido, por ejemplo, no sólo es un acto de la representación sino que está en un sistema de conocimientos físicos; una decisión voluntaria no sólo representa una acción interna sino también un grado determinado en la serie de los valores ético-objetivos; el matrimonio no sólo es la íntima experiencia de dos sujetos sino el elemento de una constitución histórico-social. Si los contenidos acentuadamente separados valen a su vez como siendo "la vida" parecería que ésta sólo fuera una seriación de aquéllos y que su carácter y su dinámica hubiera sido dividida *pro rata* bajo sí. Este concepto de la vida como *summa* de todos los instantes que van emergiendo sucesivamente no se puede, en absoluto, cumplir en el flujo continuo de la vida real; antes bien, en lugar de ella está la adición de aquellos contenidos que se pueden designar con conceptos objetivos, de contenidos, por tanto, que no son la vida sino que han de valer como formas ideales o materiales que han llegado, en cierto modo, a fijarse,

Ahora bien, yo creo en otra manera posible de considerar la vida, que no separa el todo y las partes y para la cual no son aplicables en general las categorías de todo y parte, sino que la vida se le ofrece como un curso unitario cuya esencia consiste en existir como constando de momentos puramente cualitativos o diferenciables por el contenido. Aquel primer modo de consideración gravita sobre el "yo puro" o sobre el "alma", que, en cierto modo, es algo por sí, más allá de los contenidos que emergen de ella y que se pueden expresar con conceptos objetivos. Pero me parece que todo el hombre, lo absoluto del alma y del yo, está contenido en una vivencia cualquiera; pues la producción de contenidos cambiantes que acontecen en ella son el modo según el cual vive la vida y no se refieren a ninguna pureza y ser por sí separable y más allá de sus pulsaciones. Con respecto a un pensamiento semejante que concernía al carácter del hombre y sus acciones singulares, había dicho Goethe: "Sólo podemos pensar una fuente en cuanto fluye". Se trata de la superación de la oposición de multiplicidad y unidad, de la alternativa según la cual la unidad de los diversos o está más allá de ellos, como siendo algo más alto y abstracto o está dentro del dominio de los diversos, componiéndose totalmente de éstos. Pero con ninguna de tales fórmulas se puede expresar la vida. Pues ella es una absoluta continuidad en la que no hay trozos o partes que se compongan. Antes bien, es una unidad en sí; pera una unidad que se manifiesta en cada instante como siendo total y con una forma diferente. La deducción no puede ir más allá, porque la vida que se trata de formular ahora es un hecho fundamental, no susceptible de ser construido. Cada instante de la vida es la vida entera cuyo constante fluir –lo cual es precisamente su forma incomparable– alcanza su realidad tan sólo en el punto más alto de la ola que la eleva; cada momento actual está determinado por el curso entero de la vida anterior; es el resultado de todos los momentos pasados y, ya por eso, el presente actual de la vida es la forma en la que la vida entera del sujeto es real.

Si se busca una expresión teórica para la solución de Rembrandt a su problema del movimiento, encontramos que tanto en grande como en pequeño, está completamente bajo el signo de esta concepción de la vida. Mientras que en el arte clásico y estilizante, en estrecho sentido, la exposición de un movimiento acontecía a través de una especie de abstracción – porque el instante de un momento determinado de la vida que llegaba hasta él y que se continuaba después era sustraído y se cristalizaba en una forma autónoma–, en Rembrandt, el momento expuesto parece contener todo el impulso que vitalmente apuntaba hacia él. Rembrandt narra la historia de esta corriente vital. No es una parte temporalmente fijada de una movilidad físico-psíquica, más allá de cuyo ser por sí, elevado a una configuración artística, estuviese todavía el todo de la movilidad de estos sucesos que se desarrollan en lo interior, sino que muestra intuitivamente el modo como un instante expuesto del movimiento es realmente el movimiento entero o, mejor, movimiento en general y no un estado fijo. Es lo contrario al "momento fecundo". Mientras que éste, mediante la fantasía, conduce el movimiento de su momento actual al futuro, el de Rembrandt reúne en este presente a su pasado; más que un momento fecundo lo sería de recolección. Así como la esencia de la vida es la de ser total en cada instante, porque su totalidad no es la suma mecánica de instantes singulares sino una corriente continua y que continuamente va mudando de forma, así, también, la esencia del movimiento de la expresión en Rembrandt es el de dejar sentir toda la sucesión de sus momentos en el instante de uno singular, el de superar su división en los momentos separados de esta sucesión. El modo como estos movimientos existían en la mayor parte de los pintores parecería debido al hecho de que el artista hubiese visto en la fantasía o en el modelo el nacimiento de un movimiento determinado y que luego hubiera pintado el cuadro, realísticamente o no, según este fenómeno ya concluido y logrado en la plenitud de su superficie.

Pero, en Rembrandt, el impulso del movimiento es básico; está cargado o conducido desde su raíz con una significación anímica y, a partir de este germen, de esta potencialidad completa del todo y de su sentido, se va desarrollando el dibujo tal como se despliega el movimiento en la realidad. El punto de partida o el fundamento de la exposición no es para él la imagen, por decirlo así, vista desde fuera, del momento en el que el movimiento ha llegado al punto más alto que lo debe exponer, o de una sección transversal cerrada a través de su pulso temporal, sino que de antemano está en él la dinámica reunida en la unidad del acto entero. Por eso la totalidad del sentido expresivo que tiene movimiento ya se encuentra en la línea más primaria; tal línea está hecha con la visión o el sentimiento de que lo psíquico y lo exterior del movimiento están contenidos en ella como siendo una y la misma cosa. Por aquí se comprende que las formas de sus dibujos y de los grabados linealmente bosquejados –todavía más claramente aquí que en la pintura–, que sólo son un mínimo de líneas, y hasta se podría decir que ninguna de ellas está en el papel, exponen, sin embargo, una actitud y un movimiento en absoluto indudables, y, justamente por eso, representan los estados e intenciones del alma desde su profundidad y con el más pleno poder de convicción. Cuando se considera el movimiento en el estadio definitivo de su exposición, en la extensión de los momentos de su aparición, entonces es necesario, para que se exprese completamente, una esencial plenitud de la apariencia. Pero aquí ocurre algo semejante a lo que le acontece a un hombre que quiera expresar un profundísimo afecto que lo conmueve totalmente: no necesita decir toda la frase que extendería lógicamente el contenido de su movilidad: ya todo estaría revelado con las primeras palabras de la voz.

Naturalmente no pensamos con esto en ninguna distinción desprovista de intermediarios frente a los demás artistas. Se trata de una diferencia de principios, que, como principios, se oponen polarmente, pero entre los cuales los fenómenos empíricos ofrecen una serie graduada de intermediarios mayores o menores entre ambos. Esto es tanto más patente cuando el joven Rembrandt mismo en el movimiento de la expresión partía de la mera perspectiva exterior. Por ejemplo –para atenernos a los cuadros– el modo como se mueven las figuras en el *Rapto de Europa* de 1632 o en el poco más tardío *Mene Tekel* o en *Tomás el incrédulo* es exclusivamente el del fenómeno fijado en un momento del movimiento. Luego introdujo, por ejemplo, con la *Prédica del bautismo,* de Berlín, el movimiento preparado desde dentro y que constituye lo interior del último estrato anímico que, con muchas vacilaciones –hasta los cuarenta o cincuenta años– dio finalmente a sus cuadros un carácter incomparable con cualesquiera otros.

Su visión artística no contiene simplemente la visibilidad del gesto en los momentos de su exposición; su sentido y su intensidad no nacen, por decirlo así, únicamente en el plano de la intuición sino que conducen y llenan el primer trazo que ya revela definitivamente la totalidad del proceso íntimo-exterior (con su peculiar indiferenciación artística). Ahora bien, aparece aquí la profunda fórmula de la vida, según la cual su totalidad no es nada fuera de sus instantes singulares sino que en cada uno de éstos está totalmente presente, porque consiste, de modo exclusivo, en el movimiento a través de todas estas oposiciones. Así, en la figura en movimiento de Rembrandt se revela que en el acto de vivir y ofrecerse un destino interior no hay parte alguna; que cada trozo separado, desde algún posible punto de vista de la intuitividad, expresa la totalidad de este interior destino. El hecho de que haya podido exponer cada partícula de la figura movida como su totalidad es la expresión, tanto inmediata como simbólica, del otro hecho, del que cada instante entrelazado de modo continuo de la vida en movimiento, es la vida total, que ha llegado a ser, en esta determinada figura, una persona.

Ser y devenir en el retrato

La misma fórmula que domina las relaciones entre el momento ya expuesto del movimiento y el suceso interior que se expresa determina las figuras pertenecientes a Rembrandt del retrato como tal. La intención última y más universal del retrato italiano está subordinada a la metafísica del valor de la Grecia clásica: el sentido y el valor de las cosas yace en el ser; lo que ella expresa en su esencia fijamente circunscrita, es su concepto intemporal; el devenir que fluye, el cambio histórico de las formas, los desarrollos sin un punto definitivo de cumplimiento contradecían el modo plástico de pensar de los griegos, que se dirigía a la autonomía del valor formal. Y el retrato del Renacimiento se refiere a un ser así cerrado, a la esencia cualitativa e intemporal del individuo. Los rasgos esenciales de la persona se extienden, yuxtaponiéndose, en una fija configuración; y aunque naturalmente el destino y la interior evolución han conducido al fenómeno ofrecido, se ha excluido, sin embargo, para su efecto este momento del devenir, tal como no se pregunta por los pasos de un cálculo cuando sólo se interroga por su resultado. El retrato clásico nos mantiene en el instante de su presente; pero éste no es un punto en la serie del ir y venir, sino que designa la idea intemporal que está más allá de semejante serie: la forma supra-histórica de la existencia psíquico-corpórea. Esto corresponde, por una parte, al realismo conceptual, que reúne por igual tanto a la yuxtaposición como a la sucesión de las existencias en una forma única que, no obstante ser supra-singular, es real y, por otra parte, a nuestra representación de la realidad exterior y natural. Pues en ella, todo fenómeno está causalmente determinado por el anterior, de tal modo que lo que transcurre está totalmente agotado y, por decirlo así, anulado en su efecto; como transcurso ha desaparecido y ha llegado a ser indiferente porque otras combinaciones causales, en principio, podrían conducir al mismo efecto. El Renacimiento planteó el problema del retrato en esta analogía con lo metafísico, por una parte, y con lo físico, por la otra. Pero la formación de lo anímico es diferente. En su curso, la causa no se agota en su efecto, llegando así a no ser importante en su determinación singular, sino que sentimos, en la evolución total del alma, que todo presente sólo es posible por este pasado determinado (aunque el curso parcial, singular y artificialmente aislado, pueda mostrar aquella analogía física). El pasado no es únicamente causa de lo futuro, sino que sus contenidos se disponen en capas superpuestas como recuerdos o realidades dinámicas cuyos efectos, empero, no podrían partir de ninguna otra causa, y por eso –por paradójica que sea la expresión– la sucesión llega a ser la forma esencial de toda existencia presente de la totalidad psíquica. Por tanto, cuando el alma, según su real peculiaridad, determina la forma, no alcanza a referirse a aquella especie de abstracción intuitiva en la que todas las determinaciones se ofrecen de una vez en una esencia intemporal. En la fisonomía del retrato de Rembrandt sentimos muy claramente que un curso vital, uniendo el destino al destino, engendra esta imagen presente; en cierto modo nos transporta a una altura desde la cual es visible el camino que se eleva hasta ella –no interesa que algún contenido pudiese denunciar naturalísticamente este pasado, por más que quiera sugerirlo el retrato con tendencia psicológica. Esto sería un interés anecdótico o literario, más allá de la pura línea artística. Rembrandt introduce maravillosamente la total vida móvil en la constante presencia del instante; hasta allí lo ha conducido la rítmica, por así decirlo, formal, la emotividad, el tono dado por el destino del proceso vital. No se trata –como muchas veces se ha intentado de interpretar a Rembrandt– de psicología pintada. Pues toda psicología aprehende elementos singulares que son expresables, según su contenido, por conceptos o capta lados de la totalidad interior del acontecer. El arte sólo pone como representante de esta totalidad a ese elemento lógicamente captable cuando lo domina la psicología. La precisión psicológica produce siempre una singularización y con ello una cierta fijación que se encuentra en cada instante sustraída a la totalidad de la vida que continuamente fluye. La representación del hombre en Rembrandt es en extrema medida animada pero no psicológica –una distinción cuya profundidad es fácilmente inadvertida cuando no se tiene conciencia de la vida como totalidad temporal y constante cambio de la forma, en su oposición con cualquier cualidad singular separada y lógicamente fijada por sí. Pues sólo esta dinámica de la vida, y no su contenido o el rasgo de carácter que se puede dar por conceptos singulares, es lo que refleja nuestras particularidades.

Y como Rembrandt, en el singular movimiento de expresión, ha identificado, partiendo de la mera potencialidad del primer impulso, la unidad de su historia con la exposición y el sentimiento, ha llevado –por decirlo así "escrito con mayúsculas"– toda la línea personal de evolución al ahora de la intuición; de tal modo que ella, de una manera particularmente intuitiva, a pesar y mediante su forma de sucesión, es inmediatamente dada en este ahora y es susceptible de ser interpretada a partir de él. Rembrandt ha logrado para la movilidad de la vida una expresión artística hasta entonces inaudita, una expresión que por cierto no puede ser método o estilo, sino que está ligada con la personal genialidad. Claro está que al retrato florentino y veneciano no le faltan vida y alma. Sólo que está dotado de una forma universal que sustrae a los elementos de la inmediatez de su ser vivido y con esto del orden de la sucesión: la forma tiene una perfección en sí que sólo pone a disposición de la movilidad psíquica sus resultados, entendidos como su material. Aquel estilo típico no necesita producir semejanza de contenido alguna de los individuos (aunque por cierto en el arte de Siena y parcialmente en el de Umbría los hombres se ven todos en cierto modo semejantes) pero produce una cierta especie de "universalidad", a saber, la exposición del individuo ideal que se produce por la abstracción de todos los momentos singulares de su vida. La universalidad del hombre individual significa en Rembrandt la acumulación de estos momentos que, de cierto modo, conservan su orden histórico.

Esta expresión totalmente problemática se aproxima a la adición de los momentos singulares que, como expresión de la vida, está justamente negada. Sólo es válida si tal análisis se admite como una producción psicológico-técnica y si en cierto modo se quiere volver a formar posteriormente la totalidad de la vida. El retrato de Rembrandt contiene, con esta acumulación o al modo de ella, la movilidad de la vida psíquica, mientras que el retrato clásico no sólo es intemporal en el sentido del arte en general, es decir independiente de la posición entre un antes y un después del tiempo universal, sino que, en sí mismo, en el orden de sus momentos, posee una inmanente intemporalidad. Por eso los más ricos y conmovedores retratos de Rembrandt son los de gente vieja, porque en ellos pasa a primer plano un máximo de vida vivida; en el retrato de jóvenes ha alcanzado lo mismo sólo con un cuadro de Tito a través de un viraje de la dimensión, puesto que aquí, en cierto modo, está acumulada la vida futura con sus desarrollos y destinos y es intuible como el presente de una sucesión futura, tal como allá lo era de la serie temporal ya sucedida.

La serie de retratos y de dibujos

La continuidad del todo fluyente de la vida, reunida en el retrato singular, pasa por encima de éste y expresa de un modo real y simbólico la inclinación revelada por Rembrandt de captar pictóricamente a uno y el mismo hombre en muchos grados de la vida. Se repite así, en un círculo más amplio, el sentimiento fundamental de que no se puede solidificar la vida en un momento de su configuración. En la serie de los cuadros de una persona, es decir en el hecho de que haya una serie, se separa lo que el cuadro singular sólo muestra en forma de intensidad. Ante todo piénsese en la serie de sus autorretratos que, justamente como serie, se oponen a la concepción clásica del hombre. Ticiano y Andrea del Sarto y también Puvis de Chavannes y Böcklin han dejado algunos pocos autorretratos en los cuales pensaban haber depositado de una vez para siempre su invariable esencia. Puesto que, en Rembrandt, en cada instante, concebida como imagen, fluía la vida total, ésta seguía también fluyendo hasta el cuadro posterior. Por decirlo así, todo se resuelve en una ininterrumpida vida en la que cada cuadro apenas designa un punto de detención: la vida jamás es, siempre llega a ser. Sé muy bien que el número extraordinario de estos autorretratos y los cuadros de su familia se quieren derivar de una pura problematización pictórica. Todos los argumentos encaminados a probar esta tesis como verdadera me parecen ser totalmente artificiales y una abstracción por completo irreal, pues descansan en este aislamiento del interés puramente pictórico frente a la pasión puesta en la exposición del hombre que se muestra fervorosamente en cada retrato. Semejantes interpretaciones sólo son comprensibles si se las considera como una reacción, en sí misma muy justificada, de una época contra un arte que debía proporcionar ideas anecdóticas y extrañas a él, con lo cual se había perjudicado gravemente el sentido para la unidad de la obra artística. La fuerza y profundidad únicas con la que estos cuadros exponen al hombre entero serían una casualidad demasiado extraña si Rembrandt, en realidad, sólo hubiera querido lo que la concepción artística abstracta llama hoy lo pictórico puro. En todo caso, tal corno los cuadros existen, lo que aparece como su problema pictórico es la representación de una totalidad humana de vida; pero como problema realmente pictórico y no psicológico, metafísico o anecdótico. Pero así como en los cuadros particulares tal cosa ocurrió fuera de los límites cristalinos de lo clásico, también fue explicitado o se extendió, por decirlo así, a la multiplicidad de los retratos del mismo modelo, que por ser uno mismo no lo pudo satisfacer. A través de cada una de estas series, o más precisamente en ellas, vibra una vida que en su unidad es siempre nueva y en su novedad es siempre una. Sería una falsa expresión decir que las partes constitutivas de esta serie se van completando, pues cada una es –en su indiferencia– una totalidad artística y vital, porque justamente el secreto de la vida es que en cada instante está toda la vida y, sin embargo, cada instante es diferente e inconfundible con otro. Por eso, la revelación de su concepción de la vida, que ciertamente estaba muy lejos de esta formulación teorética, se cumple únicamente por el hecho artístico de que existe esta serie y, en primer lugar, la de sus autorretratos. Y sin embargo, desde otro punto de vista, este saber de la vida –que no es concepto sino que habla en creaciones– se tornó finalmente sensible en la serie de sus dibujos. Aunque el movimiento expresivo de sus cuadros y grabados muestra la supramomentaneidad de la vida, como totalidad son, sin embargo, formas enteramente cerradas que descansan en sí mismas y que la vida ha producido desde sí misma dentro de los límites fijados en la objetividad e insularidad de la obra de arte terminada. Los dibujos, empero, sólo son algo así como estaciones a través de las cuales cruza esta vida sin detenerse, en lugar de atajarla, como lo hacen los cuadros; son algo así como los instrumentos singulares de su curso. En su totalidad –reservando muchas excepciones– tienen un carácter diferente al de los dibujos de otros maestros. Éstos son o de especie plástica, es decir, cuando su intención, lograda o no, es la forma del arte que reposa en sí mismo rodeado por un marco ideal o son bosquejos o estudios, trozos o ensayos, cuando su sentido se apoya en conexiones de especie técnica o preparatoria. Los dibujos de Rembrandt escapan a esta alternativa. Tienen algo de peculiarmente inacabado, por lo cual se sitúa uno inmediatamente al lado del otro como un aliento sigue al otro; y sin embargo, ninguno muestra esa referencia que se trasciende a sí misma, propia del bosquejo. El dibujo ha unido el ser total y el flujo creciente característicos de cada acto de nuestra vitalidad y sólo de ella. Se puede decir muy bien que únicamente los dibujos de Rembrandt incluyen en su totalidad la esencia fundamentalmente viviente de su arte y que reúnen a sus cuadros y a los movimientos de expresión en una sola y única objetivación.

Lo cerrado y lo abierto en el retrato

Quizá se aclare ahora una más peculiar diferencia con el retrato del Renacimiento. Decía de éste que su carácter se extendía, por decirlo así, fuera del tiempo, por una abstracción que excluía la movilidad vital del proceso mediante el cual había llegado a ser, y que sólo retenía sus puros contenidos. Cuando lo así retenido se representa dentro de este estilo con la más grande claridad, el *cachet* de lo misterioso o enigmático de la personalidad se determina en grado mayor o menor a su efecto. Pues hay en nuestro ser íntimo y externo algo oscuro y oculto, cuya inteligibilidad, si es que ella se pone en cuestión, sólo se puede lograr partiendo del proceso vital de su devenir. Como el retrato clásico había alcanzado una unidad, altamente cerrada, de estilo y efecto, por encima del plano en el que ésta se desarrollaba, la personalidad representada lograba aquella peculiar forma cerrada que aparece en tantos cuadros del Renacimiento. Hay aquí dos cosas sumamente notables. Una, que un rasgo, que caracteriza sólo al estilo artístico, que un principio de forma que sólo conduce a la representación como tal, se continúa, sin embargo, en una cualidad del sujeto representado. En la estilización del Renacimiento –en cuya perspectiva el modelo entra por la intemporalidad de su forma pura– se encierra, en cierto sentido y medida, la comprensión de este modelo según su vida temporalmente desarrollada; y mientras que, de otro modo, toda madura contemplación del arte mantiene totalmente separada la representación y el carácter de lo representado (la representación de lo sensible o de lo trivial no necesita ser representación sensible o trivial), el carácter o el efecto del estilo como tal parece proyectarse inevitablemente a la realidad personal del objeto. Aquí el hombre es asido en un estrato de su apariencia que nos mantiene lejos de una determinada intuición de su vida y, sin embargo, ésta actúa como si fuese la naturaleza cerrada de este hombre y como si le correspondiera, en cuanto sujeto, más allá del arte.

Y no menos extraño es que precisamente la claridad lograda con este estilo y la determinación en cierto modo racionalista de la representación vuelva a poner sus contenidos en tal incognoscibilidad e impenetrabilidad. Esta circunstancia abre una profunda visión en la divergencia existente entre el enlace lógico e intemporal de los contenidos (aunque se trate, como aquí, de una lógica de la intuitividad) y su enlace vital que se cumple en la corriente del tiempo y muestra el modo como la unidad muy bien concebida del primero deja siempre subsistir a la última como un misterio. El efecto de los cuadros de Rembrandt es justamente opuesto. Sus figuras se nos aparecen frecuentemente conmovidas por una profunda vida urdida con los hilos lentamente extendidos del destino; ninguna tiene aquella peculiar naturaleza enigmática que se encuentra, por ejemplo, en la *Mona Lisa o* en el *Giuliano Medici* de Botticelli o en la *Cabeza juvenil* de Giorgone, de Berlín y Budapest, o en el *Joven inglés* de Ticiano, de Pitti. Con ellos ha sido comparada la manera de concebir y exponer de Rembrandt, que, por cierto, es una movilidad que vibra incomparablemente, perdiéndose en el crepúsculo y, por decirlo así, en lo infinito, sustraído a la claridad lógica; pero, con todo, el hombre representado por él nos es mucho menos cerrado: es un ser transparente hasta el fondo y familiar a la comprensión. La razón de ello no consiste de ninguna manera en que los modelos de Rembrandt hayan sido hombres menos complicados y más simples que los diferenciados y cargados con todas las finezas de la cultura de los italianos del Renacimiento. Más bien, la causa está en que la concepción del hombre, aparentemente no clara, oculta y rica en elementos, de Rembrandt, hace perceptible la serie anímica de los desarrollos y destinos que han configurado la apariencia actual y la hacen perceptible en ésta; por eso, ella misma se ha tornado sensible y comprensible desde dentro. En la clara armonía y equilibrio del retrato del Renacimiento los elementos se soportan, por decirlo así, mutuamente; la corporeidad, atravesada de espíritu, está formada según las leyes de la actual intuitividad. En el retrato de Rembrandt los elementos que aparecen se han formado, fuera de su inmediata relación reciproca, por decirlo así, desde un punto interior; en su aprehensión sensible asistimos a la dinámica de la vida y del destino que ellos han modelado. Lo que según las categorías de la intelectualidad es por completo contradictorio y muy imperfectamente expresable con ellas ha sido aquí logrado artísticamente: su viviente proceso, por el cual ha llegado a ser, está configurado desde dentro, en una forma puramente intuitiva, sin asociación literaria o extra artística alguna; la representación de lo actualmente intuitivo ha retenido en sí –con su peso y ritmo– la temporalidad de un lento curso vital, sin que la sucesión destruyera a la yuxtaposición o ésta a aquella. El libre flotar y el soportarse a sí mismo de aquellas otras formas fue reemplazado por la estratificación de los momentos pasados; el presente, mediante la corriente de la vida, es llevado a un efectivo contacto con estos últimos, que, en cierto modo, se pierden en la oscuridad. Todo el arte del *seicento* italiano está conducido, no obstante lo expresivo de las pasiones, por la tendencia a la claridad racionalista. Toda forma debe delatar de un modo indudable lo que en ella acontece, todo efecto ha de ser mostrado, hasta lo último, de manera intuitiva; los movimientos y posiciones se extienden hasta lo imposible para no dejar al contemplador ninguna duda sobre lo que las personas sienten. Se busca la "claridad" cartesiana. En esto hay una profunda desvergüenza psíquica, aun cuando el objeto, pensado como realidad, no toque el dominio de la vergüenza. Se tiene que tener ante los ojos este rasgo de la sociedad italiana altamente cultivada y preciosa, apasionada por las buenas formas y representaciones, para estimar la pura espiritualidad del hijo de un molinero poco cultivado que durante su período superior de creación acampaba en una miserable taberna y tenía por amada a una campesina: a aquellos decorativos italianos tenía que parecerle como bárbaros; y hay que tener en cuenta que, sin embargo, en la expresión del alma mostraba la suprema delicadeza, recato e intimidad, que son los caracteres no buscados del alma cuando actúa realmente como alma[1].

Es cierto que el siglo XVII, a su modo, había vuelto a descubrir el alma con una conciencia más clara que la que antes tenía, tal como en el *cogito ergo sum* de Descartes. Pero, para su lenguaje, el barroco sólo poseía medios mecánicos que únicamente alcanzaban su fin si se extendían hasta lo desprovisto de medida. Sin embargo no la podía asir, puesto que de antemano estaba en otro plano. Pero la esencia de la vida es que carece de propia comprensión cuando sólo se le piden sus claridades que, por decirlo así, permanecen por debajo de ella; y a la mirada que la contempla sólo es clara si sus claridades se desarrollan partiendo de sus oscuridades, que

[1] Con respecto a este carácter del acento de su expresión es muy instructivo el hecho de que en ciertos dibujos falsificados los afectos están expuestos con una extraordinaria e incluso crasa claridad. Es manifiesto que el falsificador, recurriendo a esta vehemencia de la expresión, creía impregnar su papel del modo más expresivo y convincente posible con la espiritualidad de Rembrandt. Pero justamente se ha delatado por esto; la pesada revelación de la expresión psíquica no permite reconocer la castidad y la indestructible envoltura con que se manifiestan los afectos en Rembrandt, de tal manera que la psicología extremadamente clara de estas estampas ya justificaría su rechazo.

siguen siendo oscuridades –una comprensión que se continúa, pero de un modo todavía más general, en el dominio teorético: frente a ciertos hechos y problemas últimos el esfuerzo por la claridad lógico-conceptual de su exposición y solución ha nacido siempre de una fundamental falta de claridad, que se ha continuado en la no menos aparente de los resultados. O dicho de otro modo: el ser, que aparece como siendo mucho más plástico, mucho más seguro de la forma y más aproblemático que el devenir, es finalmente enigmático y cerrado; mientras que el devenir, al cual le faltan todas aquellas notas, es, sin embargo, propiamente sentido por nosotros y nos hace asimilar y concebir interiormente cada uno de los estadios del ser –quizá también porque el acto de concebir es vital y sólo lo viviente puede ser concebido por la vida. Aquella naturaleza enigmática, que llega a veces hasta la descortesía, propia de algunos retratos clásicos, se reduce quizá al hecho de que exponen un ser sustraído a la vitalidad temporal. El retrato de Rembrandt parece interpretarnos su enigma porque emerge de la vida en devenir, sometida al destino del tiempo; el enigma sigue detenido por la vida o ésta por él.

El círculo en la representación artística del hombre

Aquí hay inevitablemente un círculo. Aparece la representación de un fenómeno actual en el que, si no me equivoco, está depositada, por decirlo así, su historia psíquica, que es intuida desde dentro a partir de su devenir vivido y que por eso logra un modo particular de ser entendido. Pero esta complicada historia temporal se tiene que sentir desde un instante intemporal e instantáneo. Si, brevemente, le llamamos "presente" de la representación artística, este presente ha de ser interpretado por nosotros mediante el pasado; pero el pasado sólo se puede interpretar a partir de aquel presente dado. Toda esta forma de interpretación, según la cual el fenómeno ha de ser comprendido desde lo que, por su parte, únicamente puede ser entendido partiendo del fenómeno, parece dominar la representación artística del hombre. Pues esta representación es sensible y espacial, es un mero orden de colores que tiene sentido para nosotros, porque expresa un alma, general o individualizada. Pero para conocer esta alma no tenemos otro fundamento y otra indicación fuera de aquella intuitividad corporalmente dada. El círculo no parece insoluble, pues sólo se apoya en el presupuesto, de ninguna manera indiscutible, de que el alma de un fenómeno humano nos sea accesible de una manera totalmente separada y diferente a la apariencia de lo corporal; de que a éste lo vemos inmediatamente y a aquélla la inferimos mediatamente. Pero es posible que ésta sea una separación artificial y así como el hombre, como sujeto, es una unidad indivisa, una vida sin más, que produce y forma lo llamado corporal y lo llamado espiritual en un proceso unitario, así también el hombre, coma contemplador, tiene una capacidad correspondiente, la de percibir a los otros hombres dentro de una función unitaria en la cual el acto de percepción sensible y espiritual está tan poco separado por un trazo interior que los divide como lo están lo corporal y lo psíquico entendidos como hechos vitales.

El dualismo de lo sensible-corporal y de lo espiritual fue superado por Shakespeare de un modo tan riguroso como por Rembrandt. Llamar al amor de Romeo y Julieta, en virtud de su nacimiento instantáneo, un amor meramente sensible, producido por la belleza corporal y sólo dirigido a ella, es una incomprensión indignante. La totalidad del hombre ama al hombre entero y, cada vez que semejante amor ocurre, es algo sencillamente irracional y su milagro en nada es más pequeño o más transparente por el hecho de que los individuos se hayan conocido durante cinco años, en toda su esencia espiritual. El deseo sensible no es la causa sino una revitalización situada en la periferia del suceso central del amor. Como aquí uno advierte el cuerpo y el alma del otro sin diferenciarlos, así también se advierte el propio cuerpo y la propia alma indiferenciados entre sí; el objeto y el sujeto del amor actúan siempre como una completa unidad. En general no tiene sentido hablar de cuerpo y alma como de partes que componen al hombre. Una vez que dualísticamente se los ha separado, es difícil o imposible volverlos a juntar. Cuando decimos que sólo podemos "percibir" lo físico, es ello definitoriamente justo; pero es también una *petitio principii afirmar* que a lo espiritual tenemos que "inferirlo". Quizá, como existencia total, tenemos también una percepción entera que sólo la reflexión, por alguna razón cualquiera, divide –tal vez porque ella no se extiende en todas las dimensiones con la misma seguridad y porque no puede determinar a lo "psíquico" de un modo tan unívoco como a lo "corporal". Pero esto no excluye aquella unidad, así como la visión óptica no deja de ser una función unitaria, a pesar de que el punto de la visión más penetrante y los límites del campo de la visión tengan claridad muy diferente.

Lo que llamamos autoconciencia o sentido interno no es una yuxtaposición o sucesión de nuestros elementos vitales singularmente percibidos, sino un saber de la unidad de todos ellos o de nuestra persona, cualquiera que sea el instante de la historia de nuestra vida en que aparezca y aunque no podamos definir de un modo más preciso lo que aquí hemos designado como "unidad". Esta función, cuyo portador se podría llamar el sentido total –sin poder ciertamente mostrar su órgano y que frente a la propia persona se mantiene totalmente unívoco–, encuentra quizá su objeto en otras personas; la formal unidad de la percepción de un sentido tal tanto se podría realizar con el yo ajeno como con el propio. Muchas cosas vienen en apoyo de esta conducta. Desde hace mucho tiempo se ha notado cuánto de lo que creemos "ver" inmediatamente no es visto en efecto, sino que se podría decir que ha sido "inferido". En un análisis más riguroso se advierte que se funde cada vez más lo retenido de un modo puramente sensible con la impresión total, pasándose continuamente a aquel acceso que nos trasciende de otra manera, de tal modo que, en la cosa intuida como unidad, la separación entre lo aprehendido inmediatamente y lo captado mediatamente se nos presenta como siendo totalmente problemática y artificial. Quizá el conocimiento kantiano, según el cual también el objeto empírico sólo nos llega por funciones del entendimiento, cumplidas en el material sensible, esté en esta dirección. Si es cierto que las intuiciones sin conceptos son ciegas y que los conceptos sin intuiciones son vacíos, la unidad se produciría por su síntesis; pero siempre será dudoso saber si la unidad no corresponde a una función originariamente unitaria cuya separación en concepto e intuición no está prescrita en su propia estructura. Este motivo, con una modificación quizá no tan esencial, conduce todavía más allá; o sea que también la imagen del hombre corporal y la del hombre psíquico ha sido lograda por una fundamental función unitaria que sólo posteriormente, por puntos de vista en cierto modo tomados desde fuera, ha sido dividida en intuición y construcción psicológica. Dentro de la plástica, los cuadros de Miguel Ángel lo han mostrado del modo más preciso. Objetivamente, desde el creador, aparece aquí la forma corporal de tal modo atravesada por el sentimiento psíquico que un solo acto del contemplador, interiormente inseparable, percibe ambas cosas: la configuración corporal y la significación psíquica sólo son aquí dos palabras para uno y el mismo hecho del ser, que es demasiado unitario como para que su percepción se componga de una función que simplemente ve y de otra que simplemente interpreta. El círculo según el cual lo psíquico se tiene que concebir por lo corporal, pero lo corporal por lo psíquico, es consecuencia y demostración de la unidad del fenómeno. Pues tan pronto como un ser en sí unitario se divide en una dualidad de elementos, inevitablemente el uno parece construirse sobre el otro y a la inversa. El círculo no es defectuoso sino que simplemente significa el hecho de aquella unidad; que él continuamente es cometido por nuestra consideración es lo que atestigua precisamente la esencia del cuerpo animado. Por cierto el círculo no aparece en la complicación y disolución de la vida empírica en su relatividad absoluta, en su simultaneidad equilibrada, sino que se presenta con tensiones separadas, con el predominio cambiante de éste o aquel elemento, sugiriendo así la apariencia de un modo separado de funcionar. Pero quizá pertenezca a la esencia del arte hacer entrar a la unidad en su activo derecho. Justamente el arte configura al fenómeno humano de tal manera que la dualidad de una aprehensión de lo físico y de lo psíquico, de la percepción y de la interpretación, se extiende, más allá de la contemplación, a la de la relación inevitable del contemplador al contemplado, de tal modo que ésta disminuye. Por eso aquel círculo se muestra todavía más claramente en el retrato que en las otras objetivaciones del hombre: expresa la unidad de la percepción configurada que corresponde a la unidad del ser.

Esta unidad es continuamente vivida de un modo subjetivo. Pero el acontecimiento típico es que semejante unidad, en el instante en que se objetiva mediante nuestras categorías espirituales –es decir, cuando se sustrae a la vida íntima como tal–, se divide en elementos aparentemente heterogéneos. El mismo conocimiento, la misma praxis, por la que esto acontece, se introduce en seguida con el esfuerzo de volver a reunir lo separado. Para ambos es esto, tomado en absoluto, un fin que está en lo infinito. Sólo el arte, cuyas objetivaciones dejan a salvo las más próximas referencias a la inmediatez subjetiva de la vida interior, parece lograr un reflejo relativamente no deformado de aquella unidad –no es una reunión de lo separado, una síntesis cuyas costuras jamás se cerrarían, sino que el arte es un reflejo de la inseparabilidad originaria, que es pre-sintética y pre-analítica. Los teóricos italianos del arte del siglo XVIII ponían el acento de valor del retrato en su psicología; es manifiesto que la *espressione* les parecía la cuestión principal. Yo me permitiría creer que Rembrandt la ha rechazado absolutamente, que él quería pintar al hombre tal como lo veía –o más precisamente, a su visión de esta apariencia; sólo que para él, dentro de su actividad artística, la "apariencia" no estaba todavía separada en lo corporal y lo psíquico. Es interesante advertir que, en la misma época y justamente en Holanda, el alma y el cuerpo, dentro de las teorías filosóficas, habían sido tan dualística y radicalmente separadas que para posibilitar su conexión tenían que tomar sus recursos últimos de la religión y la metafísica. Arnold Geulinx, advirtiendo la absoluta falta de influjos recíprocos entre cuerpo y alma, tuvo que pedir socorro al Dios personal, quien, en ocasión de un acontecimiento corporal, causaba la sensación correspondiente y en ocasión de un acto de la voluntad, causaba el movimiento corporal correspondiente. Spinoza los desligó todavía más, puesto que lo psíquico por sí mismo y lo corporal por sí mismo expresaban ya la existencia entera, cada una con su particular lenguaje, de tal manera que, por decirlo así, una de ellas nunca ocupa el lugar de la otra; la armonía empírica entre las dos sólo es posible porque el ser que se expresa en él o en ella es en absoluto idéntico, incapaz de diferenciación alguna. Pero el arte no es la unidad de algo conceptual que estuviese por detrás de los elementos, sino que es la inmediata intuitividad de ellos. En Rembrandt no está esa unidad cargada con la dinámica tormentosa de un Miguel Ángel: ella ha alcanzado aquí su más poderosa fuerza de impresión porque parece estar inmediatamente más acá de la ruptura. En Rembrandt tiene la unidad el carácter de una pacífica naturalidad. Pero de cualquier modo me parece innegable que Rembrandt, en el punto más alto de la exposición pictórica, no interpretó el cuerpo por el alma ni el alma por el cuerpo. En el arte, en el que, en general, no se debería hablar de "medios" –excepto si se lo hace en el puro sentido técnico y para los estudios previos a la conclusión de la obra singular–, significaría esto una desconsideración. El artista ha de reflexionar sobre los medios con los que alcanzará un efecto determinado; en la obra de arte concluida y su impresión indivisa que no reconduce más allá de su inmediata totalidad, no existe separación y ordenación alguna según la categoría intelectual y práctica de medio y fin. Vale aquí la frase de Schopenhauer: "el arte está siempre en el fin". También la solución más sugestiva, según la cual cada elemento de la obra de arte sería para el otro, al mismo tiempo, medio y fin, se aparta de su unidad esencial y vuelve a una cierta autonomía de los elementos que precisamente le había sido rehusada a la totalidad final de la obra de arte. Por cierto, este enlace teleológico de elementos es más profundo y viviente que el mecanicista, que, en la interpretación de lo singular como tal, se atiene a la mera yuxtaposición de los elementos (naturalmente se ha de comprender esto *cum grano salis*). Sólo que, en última instancia ambas están todavía en el mismo plano; las dos son enlaces externos o internos de partes que han sido pensadas como separadas y no alcanzan una unidad que está más allá de cualquier parcelamiento –tal como la que la obra de arte expone en su pura y acabada esencia. Quizá ambos principios de concepción no se comportan con respecto al problema de la vida de modo diferente; quizá el ser viviente como tal sea una unidad que nuestra consideración dividió en partes y que luego, de modo mecanicista o teleológico, volvió a soldar –mientras que ninguno de los métodos que toman su punto de partida de las partes podría alcanzar la inseparabilidad primaria de la forma. De este modo, por tanto, la obra de arte no puede ser concebida como la síntesis de sus partes, como si ellas fueran fin y medio, porque ella, en el sentido propio que posibilitaba tal síntesis, no posee ninguna "parte" completa. Por eso, el retrato, por lo menos el de Rembrandt, no capta la perfección alcanzada, no concibe al cuerpo y al alma en una "interacción" en la que una fuese el medio para la exposición o interpretación de la otra, sino que concibe la totalidad del hombre, la cual no significa la síntesis de cuerpo y alma, sino su inseparabilidad.

La animación del retrato

Pero ahora se vuelve a presentar la dificultad con la que habíamos comenzado y que es la que el arte propone a la filosofía. Lo que, en el retrato de Rembrandt, dije de la unidad de lo corporal y lo anímico (acerca de la mera posterioridad reflexiva de su división en estas partes) rigurosamente considerado sólo es válido para la realidad viviente del hombre. Su apariencia no sólo es un trozo de materia configurado y coloreado de éste o del otro modo, sino una existencia total que el contemplador –con indiferencia de que lo tome de nuestras facultades oscuras– quiere representar realmente como tal, como lo indiferenciado desde el punto de vista físico-psíquico. Pero el cuadro nos parece oponerse a la mera corporeidad abstraída desde aquí, pues no contiene la vida y el alma del modelo sino formas y colores físicos de ellas, susceptibles de ser objetivamente fijadas. Se origina así el siguiente problema: ¿cómo se puede leer inmediatamente en él toda la personalidad interior? La explicación según la cual nosotros conocemos por experiencia la correspondencia de un alma determinada con un cuerpo determinado, de tal manera que la imagen del último reproduciría en el contemplador, de un modo asociativo, la de la primera, no merece ser discutida. Si se nos ofreciera la imagen psíquica de *Ephraim Bonus* o la de *Jan Six* con segura claridad (aunque no con expresión conceptual), sería una conjetura, privada en absoluto de sentido, afirmar que la experiencia nos habría enseñado que hombres de esta determinada apariencia, tal como la que aquí se ha fijado pictóricamente, poseyeran en absoluto una constitución del alma determinada de este o aquel modo. Jamás he visto personas que se parecieran tanto a la de Bonus o la de Six como para confundirlas ni sería soportable encolar la correlación convincente entre apariencia e interioridad partiendo de experiencias aisladas de las partes constitutivas y singulares de tales personalidades. El hecho de que la animación del retrato se explicara por la psicología de la asociación ha sido el ensayo más grosero entre las múltiples tendencias intentadas: consistió en buscar el efecto interior, es decir, la interpretación efectiva para el contemplador, no en la obra de arte, tal como inmediatamente existe dentro de sus límites, sino en hacerla valer tan sólo como puente e indicación de algo que está, por así decirlo, dentro de ella, es decir en una representación producida en el contemplador y que, sin embargo, ha de contener otra cosa y quizá completamente diferente a la intuición de la obra de arte particular, que, por encerrarse en el marco, se limita a sí misma. ¿Acaso la obra de arte sólo es un "símbolo", un medio para que nos representemos algo que su intuitividad dada no representa? Evidentemente el problema de lo animación conduce a esta pregunta general, que trataremos a fondo en páginas posteriores. Si es cierto que el retrato, siendo una forma física sólo puede retener la forma física del retratado; si sólo la realidad viviente del hombre ofrece en unidad su animación y la forma; si el retrato, sin embargo, despierta en nosotros la plena representación de la animado, entonces la representación misma tendría que fluir de una fuente que no brota del cuadro mismo, sino de otra parte, aunque hayamos sido conducidos hasta ella precisamente a través de éste.

Tal conclusión corresponde, me parece, a los conceptos tradicionales, pero no a la situación objetiva. Antes bien creo que se ofrece aquí el más profundo antagonismo entre la dirección de la fotografía y la de la obra de arte. El contemplador no debe detenerse en la fotografía, puesto que realiza su obligación tanto mejor cuanto más nos "recuerda" el original; la fotografía se excluye a sí misma, de tal manera que interiormente creemos ver a su modelo[1]. Puesto que ella sólo reproduce efectivamente lo corporal, no tendría sentido o sería intolerable si semejante camino psicológico no nos condujera, yendo más allá de sí mismo, a la plena realidad de su original. Los más grandes retratos de Rembrandt, al contrario –que sólo son los polos de una serie de fenómenos mezclados de los dos principios–, se nos muestran como manifestaciones de su visión; el ojo que contempla permanece conjurado en el fenómeno, tal como existe, y no nos traslada a la categoría de la realidad. No pensemos en el solipsismo de ciertos grupos de artistas para los que la forma humana, en el lienzo, sólo es un orden de manchas de color, un punto de reunión de excitantes ópticos, un ornamento particularmente complicado.

Al contrario, todo lo anímico y suprasensible que habita dentro de sus formas, sigue manteniendo su derecho. Pero es indiferente que valga o no

[1] Es muy instructivo el hecho psicológico de que frente a muchos retratos hablamos de "un parecido espantoso" pero nunca lo hacemos con respecte a una fotografía. Pues tal parecido sólo se puede producir si el retrato –y precisamente por eso– nos coloca ante la realidad inmediata y, por así decirlo, irresistible del modelo. Siempre sentimos horror (Goethe decía en este caso una "aprensión") cuando un orden determinado de las cosas de un fenómeno se interrumpe por un fenómeno que viene de otro orden completamente diferente. La realidad de lo viviente y la idealidad de la obra de arte significan dos mundos separados y un trozo de aquella que aparezca repentinamente dentro de éste es algo así como un fantasma, sólo que, por decirlo así, con signo cambiado. Ante la fotografía no sentimos semejante espanto porque no pertenece al orden ideal del arte sino que de antemano no quiere más que conducirnos psicológicamente a una impresión de la realidad.

para el hombre, más allá de esta visión; lo definitivo es que tenga valor para el hombre dentro de esa visión misma. De hecho se ha alcanzado lo que conceptualmente parecía imposible, es decir, que la impresión del cuadro, tan sólo material e imitador de lo corporal, se exprese como vida y alma, dados inmediatamente con él y sentidos en él –y no con fecha posterior a la de su existencia real en el modelo. También en su efectividad, si no nos fuese lógicamente contradictoria y psicológicamente no analizable, se tendría que reconocer esta impresión. Y por cierto no me considero capaz de proporcionar una solución más rigurosa del problema. La explicación por asociaciones psicológicas está plenamente rechazada. No menos la analogía con la fotografía, que, en virtud de su fidelidad exterior, conduce por encima de ella misma a la imagen real de su original, y abandona la esfera del arte por la de la realidad. El principio del arte exige justamente –concedido que nos sea posible aproximarnos cada vez más a su pureza– que la obra encuentre el contenido, el excitante y la interpretación en sí misma y que se ofrezca únicamente desde sí misma. Del mundo de la realidad se puede haber introducido en ella todo lo que se quiera: pero si esto ha ocurrido, la materia habrá llegado a ser arte y, de esta forma, no podrá volver a ser el puente que nos reconduzca a la realidad. Ahora bien, si el retrato, al representar físicamente lo físico, elimina aquella vitalidad anímica –según su efecto sobre el contemplador– que no parece corresponder al fenómeno físico del modelo, sino sólo a su plena realidad, el presupuesto fundamental de semejante resultado estará quizá en el hecho de que la forma no está tomada inmediatamente, como en la fotografía, del fenómeno, sino que es una creación del alma. El antiguo principio de que el alma se construye su cuerpo es problemático, ya que la "construcción" real del organismo es cosa propia de la vida unitaria puesto que sólo una posterior reflexión separará el cuerpo y el alma como partes activas e independientes. Pero la corporeidad del retrato entero, en cuanto es arte, se construye, en efecto, por un alma. Aplicar esto para la interpretación de la naturaleza anímica del retrato, ya que la animación del fenómeno pictórico ha sido puesta por su creador en paralelo con la animación del fenómeno real, es, a primera vista, la más monstruosa paradoja. Pues el alma artística crea el cuadro como un engendro objetivo de ella, sólo que no es su alma subjetiva la que le corresponde, al modo como al alma viviente le corresponde su propio cuerpo viviente. Y puesto que el retrato de un hombre nos representa su alma, pero no la de otro, el problema de semejante posibilidad no nos parece que haya sido tocado mediante la alusión al creador, que por cierto tiene un alma que no es, empero, la del modelo. Sin embargo, esta paradoja, rigurosamente considerada, aunque parezca contradictoria, es una posibilidad universalmente reconocida y continuamente realizada y cuya más indudable configuración es la del actor. El actor encuentra el papel como algo objetivo, como un complejo –en sentido espiritual– exterior de palabras, condiciones y acciones. Partiendo de las facultades que residen únicamente en su alma, realiza una forma que le es exterior y ajena, con una vida y una animación que corresponde total y absolutamente al complejo que le es objetivamente dado; lo equipa con el alma propia de la forma poética que, sin embargo, nunca puede llevar a cabo desde la suya, es decir, como siendo su propia alma. Aquí existe un hecho último al que no por su falta de claridad se debería dejar de lado. Podemos, "partiendo del alma de otro", pensar, hablar, obrar; es decir, crear formas tales que sólo son posibles por el alma; por decirlo así, son cuerpos de ella, pero lo que conduce un alma a esta creación sólo es la dinámica y no el yo; es el hecho de que ella misma, en virtud de su dinámica particular, siente de un modo cualitativamente personal. En efecto, el alma sólo puede crear un cuerpo tal que, como producción real, procede de ella, pero que, como constitución y anuncio, es un alma diferente. Es posible que sea la fortificación y el crecimiento del hecho fundamental, según el cual el sujeto se representa en su conciencia, que sin embargo sigue siendo siempre la propia y cuyo contenido total se podría designar como la "modificación de la autoconciencia", un tú, un no yo, que por sí mismo es un yo. Este tú no es, con respecto al yo, algo recibido exteriormente, como los árboles y las nubes; interiormente le es más próximo que cualquier otra cosa que sólo sea contenido anímico pero no alma, y al mismo tiempo, además, porque no se puede hablar simplemente del tú como si fuese "mi representación", sino que tiene que ser pensado como un ente real y por sí. Brevemente, es verosímil que el tú sea una categoría primaria que no se puede reducir más y que se ha de vivir inmediatamente. Es posible que esta transformación así acontecida del yo se continúe en acciones en las que, como sujeto de ellas, vale un tú. Así ocurre cuando no imitamos exteriormente un pensamiento o un modo de expresión de otro, sino que desde él las engendramos con interior espontaneidad: para nosotros mismos y un tercero parecería trasladada a la del otro. Cuando el historiador, entre las acciones transmitidas desde fuera de una personalidad, pulsa los enlaces anímicos que él tiene que tomar de su propia alma, aunque como sujeto jamás los haya vivido y sean quizá completamente heterogéneos a su esencia; cuando el dramaturgo configura sus criaturas con rasgos esenciales y las hace mover por impulsos que únicamente, en el instante de esta creación misma, nacen en él, pero que, por decirlo así, no se detienen en él, sino que están al mismo tiempo en aquellas formas en cuanto formas, en todos los fenómenos de esta especie –el más patente de los cuales, como hemos considerado, es el del actor–, una forma objetiva está soportada o configurada por un alma inmanente a ellos y es su expresión, mientras que el alma del creador que la trasciende es la que otorga la expresión que soporta y configura.

Si en toda esta serie se ve un fenómeno originario permanente, aunque su profundidad metafísica no pueda tornarse transparente, la "animación" del retrato, de la obra plástica en general, que evidentemente pertenece a esta serie, no es más comprensible que cualquiera de sus elementos, pero tampoco lo es menos. Si se admiten estos fenómenos, lo que es forzoso, la animación de la forma corporal en el lienzo ya no es una paradoja solitaria que se aparte de nuestros hábitos empíricos. En efecto, procede del hecho de que un alma ha creado el cuadro y de que ésta es diferente de la que está dentro del cuadro mismo aunque objetivamente le corresponda. Tal interpretación no es contradictoria puesto que el mismo tipo se realiza en innumerables ejemplos cotidianamente vividos.

El realismo subjetivo y el autorretrato

El resultado de este conocimiento es que para pensar como posible la animación del retrato no precisamos salir de la obra de arte. Si consideráramos que la animación se apoya exclusivamente en la realidad de los sujetos, se la podría buscar, por decirlo así, más allá o más acá de la obra de arte misma: o en el modelo viviente, en cuyo caso, el cuadro sólo se ofrecería como pasaje y símbolo para que el contemplador se lo represente, o en el artista mismo, que, en estas diferentes formas, revestiría, como con una envoltura, lo que en él es personal. Pero la expatriación del alma de la obra de arte misma, simplemente contradice la impresión vivida ante los grandes retratos. Esta impresión sería al menos pensable si recordáramos que el alma creadora en general se objetiva en configuraciones que tienen carácter independiente y forma y lógica propias y que son autónomas frente al carácter, la forma y la lógica de la personalidad que las crea en una medida ilimitada. Como ya dijimos, este hecho no puede ser aclarado por una ulterior reducción, puesto que, como función primaria de la naturaleza anímica del hombre, únicamente proporciona el fundamento de explicación de los fenómenos inmediatos. Pero sólo designa un punto de acabamiento de lo que es cerrado e inmanente a la obra de arte, lo cual quizá jamás pueda ser absolutamente alcanzado en su realidad. De cualquier modo, partiendo de su libre autosuficiencia, residen en ella, como siendo en cierta medida los elementos que la condicionan a la tierra, aquellas dos tentaciones: la dirección que apunta al modelo real[1] y la determinación, a través de lo subjetivamente personal, de su creador. Es evidente que las dos son deslizamientos de la pura voluntad artística hacia la realidad; una de ellas encuentra su extremo en la fotografía, la otra en la falta de dominio o cortedad que sólo le permite al artista expresar su propio y limitado yo. En el arte escénico, que para este problema ofrecía la analogía más decisiva, los dos extremos correspondientes llevan la pura forma del arte a la realidad. Por una parte está el imitador, cuya producción delata un proceso de la realidad que está más allá de la esfera del arte; para el contemplador el proceso debe estar en la categoría de la realidad y la escena sólo es el medio de conducirlo hasta ella. Su contrario es el actor subjetivista que en todos los papeles "se representa a sí mismo"; no puede cumplir aquella metempsicosis de su yo en un objeto que cualitativamente no le es afín, y que superando la oposición de yo y no-yo alcanza la unidad, difícilmente analizable por conceptos, de la obra de arte. La obra de arte es siempre una objetivación del sujeto y por eso alcanza su puesto allende la realidad que siempre se adhiere al objeto en sí o al sujeto en sí. Ahora bien, tan pronto como cesa la pureza de esta allendidad, sea para representar un objeto o para expresar el sujeto, se desliza, justamente en esta medida, desde su categoría específica, a la de la realidad. Sin embargo, como ya dijimos, la seguridad contra ambos extremos, jamás es absoluta. Y precisamente con respecto al retrato sería una mezquindad burocrática rebajar la significación de ciertas obras, en nombre de la pureza del concepto de arte, cuando en ellas se advierte una o la otra de aquellas intenciones, es decir, la que lleva a la realidad o la que parte de ella. Cuando se ha logrado algo grande y esencial, es una cuestión por completo accesoria saber si podemos ubicarla dentro de este o de aquel concepto y no es posible que nosotros, partiendo de tal concepto, prescribamos al artista lo que "debe hacer" porque su título lo obliga. Así se tiene la impresión, justamente en Goya –lo que es doblemente notable ya que es el artista de una fantasía tan

[1] Con esto no se piensa ni está involucrado el naturalismo artístico. La decisión en pro o en contra de éste tiene una relación totalmente variable con la pregunta de si la obra de arte posee su sentido en su pura inmanencia o si es un medio para la representación de la realidad del modelo. Pues, por una parte, la pura intención artística, que encierra la significación de la obra dentro de cuatro lados espaciales, puede ser fiel, en la exposición realista, a la más rigurosa reproducción de la realidad y con ello tiene por lograda la interior perfección de la obra de arte absolutamente autosuficiente. Por otra parte, el artista que desde el centro de su obra quiere conducir a la intuición del modelo no necesita alcanzar su representación por una captación realista. Antes bien puede tener la voluntad de elaborar su imagen más valiosa o, en sentido profundo, más rigurosa por medio de la estilización, el embellecimiento o incluso la exageración y la caricatura.

autónoma y desconsiderada que se cambia a sí mismo y al mundo–, de que sus retratos sólo deben ser, por decirlo así, mojones indicadores del hombre real. En muchos cuadros de Goya lo lúgubre –no sólo del retrato sino también de las escenas fantásticas– corresponde al hecho de que a través de ellos se está como ante un espejo mágico frente a la realidad del hombre y de los procesos. El realismo de la subjetividad, en cambio, es difícilmente mostrable entre los grandes retratistas. En un cierto sentido, aunque modificando mucho su acepción, podría pensar aquí, por paradójico que parezca, en el pintor más objetivo, en Velázquez. Yo tengo la opinión, naturalmente indemostrable, de que el sentimiento vital de Velázquez era el de una fuerza extraordinaria, estrechamente unida; de que, ante todo, era una naturaleza energética elevada por encima tanto de su idoneidad singular como de las coloraciones cualitativas que determinan el sentimiento fundamental de otras naturalezas. Esta fuerza no tenía, por cierto, el sentido del titanismo, como en Miguel Ángel, que cargaba un mundo sobre sus hombros aunque se desplomara bajo él, ni tenía tampoco el atletismo muscular que se presentaba en Rubens, sino que esa fuerza se encaminó hacia el lado de la intensidad, con un desarrollo no desviado y creciente en cada trabajo. El hecho de que la imagen de la personalidad de Velázquez, junto a la de sus pares, junto a Rafael y Ticiano, Durero y Holbein, Rembrandt y Hals, muestre una cierta falta de color –aunque no indeterminación o carencia de significación– se debe a que su esencia personal y subjetiva, más que en una inagotable dinámica de vida, se basa en una muy individual coloración de esta dinámica. Pero no la ha trasladado a sus retratos, como lo hizo, por ejemplo, Greuze, que ponía sin más como carácter de su modelo la dulce y frívola sentimentalidad de su naturaleza. Quizá sea el ejemplo más indudable del subjetivismo en la pintura de retrato de que aquí se habla. Pero tengo la impresión de que Valázquez había puesto a cada una de las figuras de sus retratos ante la pregunta por su fuerza vital y como si su instinto hubiese sido este denominador general suyo, cuya rigurosa y determinada medida la hizo perceptible en cada uno de sus retratos al lado de lo que, de otro modo, constituye toda su individualidad. La poderosa e intransigente fuerza vital del *Conde de Olivares* y de *Juan de Mateos,* la decadente debilidad de *Felipe IV* y de su hermano, la fuerza interiormente hueca e hinchada de *El bufón Pablillo,* la encarnizada dinámica del *Enano de la corte,* la problemática vitalidad del *Niño rey,* cada tino individualmente considerado ocupa, por decirlo así, un puesto en una escala de fuerza rigurosamente determinada y que es sentida con seguridad por el contemplador. Si esta interpretación es justa tendríamos en Velázquez un ejemplo, aunque muy peculiar, de realismo subjetivo del retrato, para el cual es el factor real y subjetivo de la personalidad artística el que determina la configuración.

Ahora bien, aunque ni este subjetivismo ni aquel objetivismo que quiere producir una representación del sujeto viviente y real a través del cuadro se excluyan en absoluto, el retrato de Rembrandt, sin embargo, muestra el más amplio contraste con estas dos formas de realismo. Desde ese punto de vista sólo se le puede comparar Ticiano y Tintoreto. Sin embargo, la superación de los dos realismos es en él algo más característico; la unidad de la objetivación artística del sujeto es, por decirlo así, más patente, porque se eleva desde la decisiva tensión de los opuestos. Frente al arte a que se podían acomodar las intenciones estilizantes de los artistas venecianos, el de Rembrandt aparece como siendo por una parte más personal y subjetivo, y, por otra parte, la individualidad del modelo, su capa de vida más interna y específica, llega a ser para él un problema mucho más importante que para los venecianos. Los dos intentos pudieron haberle sido peculiarmente fuertes: utilizar el modelo sólo como material o como revestimiento de la emoción e impulsividad inmediata de su fuerte realidad subjetiva y, a su vez, dar eficacia, también inmediata, a la vida totalmente captada del modelo y en lugar de la visión artística dejar hablar a la impresión de la realidad.

Si la objetivación del sujeto es la fórmula que apunta más allá de estos dos extravíos, el autorretrato manifiesta frente a ellos una conducta totalmente especial. Puesto que la realidad exterior del modelo viviente y la realidad dictada desde dentro del artista están en la conciencia como unidad, es posible que se encuentren aquellos dos intentos, pero también que se anulen recíprocamente con facilidad. Para la interiorización configurada del alma que crea en lo exterior individual y ajeno como si fuese su propia interioridad –proceso específicamente artístico que se separa por sí mismo de aquellos dos realismos–, el autorretrato es la escuela y, en cierto modo, el prototipo en el que los opuestos todavía no se han disociado. En efecto, Rembrandt, a través del autorretrato, se podía orientar siempre y con la mayor facilidad, a lo que era algo esencial y quizá lo esencial de su arte. Si toda esta discusión admitía la dificultad acerca de la posibilidad de que en el fenómeno de la imagen solamente corporal pueda ser perceptible la animación, que sólo en la realidad viviente se une con lo corporal; si la creación de aquel fenómeno mediante un alma que se infunde dentro de él ofrecía una salida y si la heterogeneidad de la personalidad creadora y de la representada no la obstruía, en cuanto la transformación de la individualidad propia en otra ajena se mostraba como un poder totalmente universal y específicamente artístico del espíritu humano; todo esto es lo que revela la función especial del autorretrato en Rembrandt. No es algo aislado y en cierta medida contingente, como en otros pintores, sino que acompaña toda su carrera y designa a menudo su punto más alto. Por eso, donde la unidad de lo interior con lo exterior era ofrecida a una vivencia inmediata, se ejercitaba continuamente en la representación de esa unidad para la que tenía una capacidad no comparable a la de ningún otro pintor. Al objetivarla en renovadas formas artísticas logró, por así decirlo, la fórmula universal de tal unidad en general en una medida cada vez más plena; su arte como tal lo elevó, y esto es lo más sugestivo, por encima de la realidad, tanto de la del sujeto como de la de su modelo. Lo que representaba su retrato no era ya una corporeidad abstracta de una vida total, sino que su visión es de antemano la de esta vida entera en la unidad o en cuanto unidad de todos sus elementos.

La creación artística

Con esta discusión que alcanzó su punto culminante en el problema del autorretrato, me aproximo a una forma más profunda, pero de ningún modo aclarada aún, de la creación artística. Toda obra de arte tiene cierta extensión en el espacio o en el tiempo, en la cual sus partes –trozos de materia coloreados o configurados, palabras, movimientos, sonidos– se juntan unas con las otras y alcanzan unidad. De ningún modo, esta unidad tiene que estar de antemano allí, determinando la creación, ya que si no no se podría comprender cómo el artista podría reunir los materiales singulares que al acomodarse entre sí constituyen una totalidad. Quizá haya sido éste el sentimiento por el que la estética tan frecuentemente puso la esencia de la obra de arte en su idea. Ahora bien, el error típico fue poner, mediante un viraje completo, al concepto universal, que debía abstraerse del fenómeno, antes que el fenómeno, como siendo su causa o portador real. Afirmar que flota por encima del artista una idea que luego realiza en forma más detallada o individual, es propio de un racionalismo clasicista que tiene muy poco que ver con la creación artística efectiva, ya que esta idea apenas es otra cosa que un superfluo desdoblamiento de la obra de arte, mediante el cual, y sin un cambio propiamente dicho, se la ha trasladado al plano –no teorético, es cierto, sino intuitivo– de la conceptibilidad. El instinto, siempre notable, como ya se dijo, de que la extensión de la obra de arte terminada no es lo primario, de que la conciencia de esta multiplicidad de elementos singulares no se puede engendrar de golpe en un instante creador, de que, por tanto, si con ello pudiera nacer semejante multiplicidad compuesta, tendría que existir de antemano algo simple y único –

este instinto con la teoría de la idea que el artista va desarrollando sólo se ha dado una satisfacción engañosa. En cierta medida busca la solución desde arriba, desde lo que de algún modo ya está configurado, mientras que a mí me parece que se la tiene que buscar desde abajo, desde lo que en comparación con la forma existente es completamente informe y oscuro. Estoy convencido de que la entera configuración extensiva de cualquier obra de arte parte de un germen anímico que, en el caso de que lo extensivo posibilitara la configuración, es informe –por paradójico que tenga que parecer al comienzo el hecho de que, por ejemplo, una pintura que consiste únicamente de extensiones de color tenga la causa suficiente de su formación en una forma interior en la que no se puede encontrar nada que sea extenso, en algo que no posee semejanza morfológica alguna con lo que finalmente nace de ella. Es preciso librarse, en primer lugar, del prejuicio de que tenga que existir tal semejanza entre causa y efecto –un prejuicio que en todas partes ocasiona daño y que determina también a la teoría de la idea considerada como el punto de partida genético de la creación artística. Por lo demás, nos tenemos que auxiliar, también para la expresión de lo aquí pensado, con la imagen del germen y su maduración que lo convierte en un ser vivo concluido, lo que es sólo una imagen, aunque la fría especulación pueda quizá profundizarla hasta convertirla en una regularidad real que es común a los dos fenómenos. El germen o la semilla no contiene empero al ser vivo en pequeño sino que lo posee en una relación puramente funcional ya que contiene exclusivamente las energías potenciales que lo dirigen hacia esta relación determinada. Una melodía no es la sucesión de sonidos, sino una peculiar unidad que no se puede mostrar, pero que sin embargo la determina como tal en esta multiplicidad temporal. Semejante unidad tiene que existir en alguna forma en el creador de la melodía antes que se despliegue en la sucesión de sonidos particulares. Del mismo modo se muestra en la vesícula germinal la yuxtaposición de los miembros del animal por nacer. Que la melodía se le ocurra al compositor "de golpe" (por tanto en la inextensión del momento temporal), es una expresión que fácilmente se presta a ser mal entendida. Tal como existe concluida, es una sucesión –que precisa inevitablemente del tiempo– de sonidos singulares, pero no puede haber tenido de ningún modo su remoto origen en aquella pura momentaneidad desprovista de expansión. Pero si esto es lo que exige su origen –pues sólo ella corresponde a la unidad por la que la serie temporal de los sonidos ha sido determinada– sigue en pie la admisión de que el acto de composición propiamente dicho todavía no contiene la serie de sonidos; de que el contenido de este acto es una forma anímica cuya unidad no incluye *in actu* nada múltiple y extenso aunque es su potencialidad desplegándose desde sí misma con un crecimiento orgánico. Esta forma no aparece en el fenómeno sino que, como se dijo, sigue siendo inconsciente, pues su aparición significa justamente que está separada, que ha alcanzado el estado de madurez de la articulación compleja. Quizá la aplicación de la misma hipótesis al arte plástico sea ahora menos extraña que lo que parecía a primera vista. Si se compara un retrato de escaso valor –en especial alguno que mediante su *dilettantismo* convenza por la semejanza con su modelo– con un retrato perteneciente a una obra maestra, tal, por ejemplo, como el *Jan Six* o la *Prometida judía,* se tendrá del primero la impresión de que el pintor hubiera trasladado al lienzo todos los rasgos del modelo tal como los veía en singular y en la misma sucesión; mientras que en Rembrandt es como si se hubiera reducido la apariencia del hombre a una intuición esencial sin más unitaria, que estando más allá del fenómeno recogería la fuerza impulsiva reunida en ella y partiendo de la intuición desplegaría la extensividad de las formas de un libre crecimiento orgánico. La creación peculiar del arte del retrato me parece que es la siguiente: para el artista la visión del modelo sólo es la recepción o la fecundación y recrea el fenómeno que crecerá sobre la base y bajo las peculiares categorías del arte como si fuera el desarrollo de aquella forma anímica que comparé con la vesícula germinal. Siendo esta forma de producción la decisiva en Rembrandt, se explica la falta de detalle, el apartarse de lo pequeño y singular del fenómeno en favor de sus rasgos amplios y esencialmente decisivos. Pues se comprende que este germen, que ha nacido en la profunda inconciencia y que continúa creciendo con las puras fuerzas motoras del alma y del arte, no penetre tampoco en lo singular y en lo particularizado como acontece con el crecimiento físico de un organismo; no contiene, lo que no necesita ulterior fundamentación, un número tan grande de elementos potenciales como el germen orgánico. Esos elementos sólo entrarán en el cuadro cuando se ha trasladado la realidad inmediatamente, sin que se haya llegado hasta aquella oscura y pre-extensiva condición del alma y a partir de cuya espontaneidad, por decirlo así, crecen uno tras otro y separadamente. Naturalmente la mayor parte de las veces es tomada de la acción conjunta de las dos formas de producción y en ciertos retratos me parece que es particularmente perceptible en su dualidad, por ejemplo, en los de Jan Van Eyck y quizá en algunos de Durero. Pero en Rembrandt lo decisivo es ante todo aquella recreación desde dentro, el "muere y llega a ser" del fenómeno, entre cuyos extremos yace el acto de sumergirse en aquel momento de fecundación en sí unitario y tan encubierto como el nacimiento de la vida misma. Pero, partiendo de este presupuesto, se comprende también que quien se constituya en juez del retrato de Rembrandt se lamente por la "desemejanza". Pues, aunque el ulterior crecimiento de un germen que consiste de un centro sin periferia –que no precisa, por así decirlo, encaminar la mirada al modelo puesto que el crecimiento es el autodesenvolvimiento de energías ya reunidas– siguiera naturalmente la dirección de las impresiones extensivas recibidas, sin embargo, la complicación y la vida peculiar de esta evolución del alma rechaza la garantía propia para que esto ocurra. El proceso implica que se pueda desplegar la más profunda esencia de la persona representada de un modo más puro y auténtico de lo que la evolución físico-orgánica pudiera hacerlo con las contingencias que la impiden y las desviaciones que se introducen. La frase anteriormente tratada de que "el alma se construye su cuerpo" está elevada ahora a una potencia superior: no el alma por sí, sino la unidad esencial de la que el cuerpo y el alma sólo son divisiones abstractas y ulteriores, constituye el contenido de aquella configuración del germen primario y creador todavía no "configurado" y que luego, siguiendo las leyes de las energías en él reunidas, produjo la forma física del retrato. También este proceso tiene naturalmente grados de suficiencia; grados de conformidad entre la personalidad del modelo y la facultad de concepción y configuración del artista. Pero tanto en el caso interpretado, en el que aquel germen sólo desarrollaba la forma anímica y artística de la verdad última de la personalidad y, con su lógica interna no desviada, presentaba su imagen física; como en el otro caso, cuando la subjetividad del artista tornaba de algún modo incongruente aquel punto de partida, en ambos casos, por significativo que pueda ser el resultado final, se arriesgaba la semejanza inmediata, la que va de *physis a physis*.

Me parece que una de las obligaciones esenciales de la teoría del arte es que se niegue de un modo cada vez más fundamental la inmediatez de la relación entre la realidad y el arte. Se tiene que reconocer que éste es en absoluto una forma autónoma y en cuanto formación del contenido del mundo no vive del crédito de las otras formaciones, de las que llamamos realidad. La instancia contraria, de que todo gran artista ha estudiado infatigablemente a la realidad natural, no es la menor. Pues si la obra de arte, como yo supongo, procede de un germen anímico que no contiene en absoluto su extensión finalmente intuitiva sino que representa una serie de desarrollo por completo alótropa, no se prejuzgará ninguna dirección que fije las condiciones y sugestiones que requiere el alma del artista para que en él nazca aquel germen. Precisamente, cuanto más profundas e independientemente creadoras sean las capas de la personalidad en que esto acontece, tanto más rica y rigurosa tendrá que ser la materia que acarrea para cargar al germen en general con contenidos, aunque éstos ya existan en la forma de la realidad. Por eso el artista más individual –el artista que crea partiendo de la mayor profundidad– necesitará la más intensa fecundación, lograda mediante los contenidos del mundo. Ciertamente tales contenidos sólo le son dados en la forma de la realidad y él, con independencia funcional de la forma particular, los dará a luz en virtud de la recreación artística. El artista inferior, en cambio, al crear desde las capas superficiales, sin haberse concentrado en aquel germen inextenso, fijará la imagen que surge inmediatamente de su extensidad y no precisará de tan grande riqueza y poderío de lo material. No es un mal artista por no estar impulsado por ningún estudio fundamental de la naturaleza, sino a la inversa: porque es de menor talento y porque trabaja con el directo traslado de la superficie, en lugar de hacerlo partiendo de la facultad espontánea del germen, no necesitará, de antemano, de una masa material tan extendida y fundamentalmente asimilada; no necesitará, para su producción, de ningún "ejército de reserva" de gran contenido (para utilizar aquí la significativa expresión de Marx).

El concepto de individualidad, al que apuntaba toda la discusión anterior y que ulteriormente será expuesta en la pura significación que diferencia del modo más completo a Rembrandt, tiene que proporcionar una de sus funciones al problema actual. El lugar de batalla es sustraído a toda la disputa teórica y moral entre lo corporal y lo anímico o entre los sentidos y el espíritu tan pronto como el hombre ve la esencia y el sentido de su existencia en el hecho de ser un individuo. Pues si se concibe este concepto en su pura significación, como siendo lo indivisible, tiene que ser evidentemente la sustancia o base común de aquellos partidos que se separan y distancian. Lo sensible y lo espiritual, como conceptos abstractos, pueden no tener que ver nada entre sí; pero, tan pronto como son vivientes, es decir, como se realizan en un individuo, son precisamente lo sensible y lo espiritual individualmente determinados y, por consiguiente, tienen su elemento común e inseparable en el hecho de esta determinación individual. La individualidad es la raíz o el concepto más alto, indiferente a la extrañeza u oposición de alma y cuerpo, porque tanto a uno como a otro le da su singular coloración. El hecho de que lo individual de la corporeidad y lo individual del alma no se puedan presentar y designar como fenómenos idénticos puede hacer vacilar la conceptualidad intelectual, pero no a la vida y al arte; pues se sabe inmediatamente que el individuo no es el compuesto mecánico de un cuerpo y de un alma que le es interiormente heterogénea (representación ésta sin sentido e impracticable) sino que, por diferentes que puedan ser entre sí los compuestos, considerados como cuerpo en general y alma en general, el individuo concreto es, sin embargo, una unidad. Sólo la individualidad, que se añade a aquella heterogeneidad general, puede superarlas, y –aprehensible o no por el concepto– otorgar unidad a los elementos. Es una experiencia constante que cuanto más profundamente aprehendemos la individualidad de un hombre tanto más indivisible nos es su exterior y su interior y tanto menos los podemos pensar como separados. El apartamiento del arte de Rembrandt de lo "universal" de los fenómenos humanos y su máxima elaboración de lo individual aparece, por tanto, como siendo uno de los caminos interiores en los que se cumple la superación del dualismo alma-cuerpo, o más precisamente, siguiendo esos caminos no se precisa de antemano ninguna superación.

Lo pasado de la vida en el cuadro

¿La obra específica de Rembrandt logra hacer transparente la visibilidad del pasado en la imagen presente del hombre? Hemos visto que según el presupuesto kantiano la más simple intuición de un objeto espacial se efectúa por la acción conjunta de la función sensible e intelectual, aunque para la realidad inmediata de la conciencia el objeto sea dado de modo sensible y unitario. Las ulteriores investigaciones han ampliado este hecho hasta lo empírico, al mostrar que el tejido que llena a lo meramente inferido no es percibido ni tampoco perceptible en la imagen de la cosa que aparece como siendo puramente sensible. Sería el mismo aspecto, sólo que tomado desde otro lado, si se supusiera lo contrario, es decir, que la doble función de la intuición física y la de la interpretación anímica sean para el hombre en la realidad y en el arte una sola: al espiritualizar la visión sensible se ha de tornar sensible la visión espiritual. Sólo en virtud de la distinción gradual de los cambios accidentales nos parece paradójico el hecho de que veamos la significación anímica de una corporeidad en el mismo acto con que vemos a esta última. Pero aun concedido este hecho, será mucho más paradójica la circunstancia de que ahora no sólo el ser actual del alma debe darse en el instante momentáneo de la corporeidad sino también el pasado que se ha ido desarrollando hasta constituir la actualidad de este ser y su apariencia corporal. Sin embargo, el famoso círculo según el cual comprendemos el presente del fenómeno desde su pasado, mientras que el pasado sólo se puede derivar del presente, que es lo único ofrecido, no sólo me parece que se puede solucionar con esta condición sino que incluso es comprensible. Lo que se tiene que superar es la chata representación que nos está más próxima, es decir, de que esté dado un presente sensible a partir del cual, y mediante un procedimiento intelectual, se reconstruye el pasado del alma o se lo proyecta en ésta. En efecto, el arte tiene a su disposición el medio específico (que en Rembrandt sólo se manifiesta de un modo especial en el retrato de ancianos) de librarse de esta necesidad racionalista. Ciertamente no se debe pensar –como podría ocurrir por una anterior expresión provisional– que un orden fijo de escenas o de actos singulares de la vida, cada una limitada por sí y separada de la otra por un intervalo del tiempo que vale como un presente vacío, se tornaría visible a partir de su apariencia actual. Sin embargo, lo que llega a ser es toda la corriente continua de la vida porque se derrama sin pausas en la apariencia presente. Quizá con respecto a la forma humana en general la representación matematizante, que acaso ve en el sentido temporal y físico un estado absolutamente actual, no es suficiente. Que en la objetividad de la abstracción científica el presente sólo es puntual, es posible y queda indeciso; como vivencia real de la intuición, el fenómeno de un hombre es para nosotros una totalidad que trasciende de algún modo al momento, es algo que está más allá de la oposición del presente y el pasado (y quizá también del futuro). Si por el conocimiento histórico sabemos ya desde hace tiempo que se concibe el presente sólo desde el pasado, y que se puede interpretar el pasado tan sólo a partir del presente experimentado, semejante círculo, cuyos elementos por cierto son de una precisión conceptual menor, apuntará a una unidad de la comprensión que, por nuestra conducta inevitablemente analítica, ha sido dividida en aquellos partidos que se combaten y soportan recíprocamente. Es notable cómo la momentaneidad precisa y antivital del cuadro aparece ocasionalmente también en Rembrandt; así por ejemplo, el *Ropaje sangriento de José* (en *Earl of Derby)* muestra una crasa limitación del complejo total de la representación al momento inextenso y que por eso mismo produce una impresión de rigidez. Pero éste, y quizá otros pocos cuadros afines, caen totalmente fuera de la esencia y la peculiaridad del arte de Rembrandt. Donde éste se ejerce puramente –en especial en los retratos tardíos–, aquella característica específica de la vida, para la que no existe el aislamiento de un momento, alcanza su derecho indudable. No es preciso que tengamos ante nosotros, físicamente, una imagen de color invariable, dada su cualidad irrepetible; la pregunta es, exclusivamente, ¿qué significa esa imagen para nosotros, y en nosotros entendida, como nuestra visión activa? Y como ya se cae en la división entre la corporeidad, como lo percibido por los sentidos, y el alma, como lo intelectualmente añadido, se amplía la división entre el presente y el pasado. La representación artística del hombre en Rembrandt nos permite, acaso, intuir una totalidad de la vida aunque ésta, conceptualmente y como realidad exterior, esté configurada en la sucesión del pasado y el presente. Vemos todo el hombre y no un instante inferido de los anteriores. Pues la vida inmediatamente no es otra cosa que el pasado que llega a ser presente, y cuando vemos realmente la vida, sólo un mero prejuicio nos permitiría afirmar que se ha visto el punto fijo del presente. Si adquirimos gradualmente esta visión de la vida total, si la anteceden psicológicamente ciertas experiencias y conclusiones, si permanece en un estado de imperfección y constante aproximación, son cuestiones en esencia por completo indiferentes. Lo importante es aplicar el mismo pensamiento con el que Kant rechazó la necesidad aparente de inferir el objeto de la percepción externa. Si sólo nos son dadas nuestras representaciones como sucesos que se desarrollan en el interior de nosotros mismos, parecería que tendríamos que inferir el mundo externo, puesto que jamás nos es inmediatamente accesible: tendríamos que ir del efecto en nosotros a la causa fuera de nosotros. Pero Kant mostró que también el mundo externo existía de un modo exactamente igual a nuestras representaciones y que, por ende, entre el mundo externo y el supuesto mundo interno en sí mismo seguro, no dominaba principio alguno de distinción y que cuando aquél llega a ser representado está dado con la misma seguridad y sin que sea necesaria una inferencia. Me parece aceptable, en primer lugar, que ocurra algo análogo con el conocimiento del cuerpo y el alma de otro hombre, que parece exigir la misma inferencia sólo que con dirección inversa. Aquí nos es dada inmediatamente la intuición del cuerpo y tendríamos que inferir el alma que le está ligada. Pero quizá esta distinción proceda tanto como la que criticó Kant de un prejuicio racionalista; quizá percibamos al hombre inmediatamente como una unidad en la que el cuerpo y el alma se equivalen gnoseológicamente, por inseguro, ambiguo y defectuoso que pueda ser el conocimiento empírico del alma. Y lo mismo ocurre con la conclusión correspondiente: si la existencia psíquica corporal de un hombre ya nos es dada en un acto indivisible, sólo podrá contener el presente de un momento, mientras que el pasado, por no existir más, sólo nos sería accesible mediante una inferencia construida sobre el presente, es decir, se iría del efecto a la causa. Pero quizá desde este punto de vista el pasado no se comporte con respecto al presente de un modo diferente al del alma del otro, representada por nosotros en su cuerpo, o al del caso kantiano que iba de la existencia exterior de las cosas a la interioridad de la representación. El presente de una vida no se puede fijar en absoluto con el aislamiento y la precisión de un concepto matemático. El hecho de que veamos la vida trascendiendo cada punto y cada sección transversal del tiempo puede ser proporcionado porque el proceso de la visión es un proceso de la vida. No es frecuente reflexionar suficientemente sobre este hecho natural y evidente, porque pensamos el contenido del proceso como "cuadros" fijos y en cierto modo, al trasladar la visión al pasado, nos representamos la secuencia en tales cuadros en sí cerrados. Pero la visión, como proceso de la vida, comparte su carácter universal: es decir, la separación de pasado, presente y futuro no vale aquí como la precisión gramático-lógica lo exige. Sólo el posterior trazo divisor aproxima la corriente continua de la vida a esta alternativa. La fundamentación y el tratamiento de tal concepto de la vida pertenecen a otro lugar. Sólo se debe indicar aquí que la visión de la vida, al ir más allá de la instantaneidad, no precisa por parte del que ve de milagro alguno. Si se pone en su base aquel concepto de la vida, es comprensible que sus dos manifestaciones, su apariencia en lo visto, y en el que ve, posean la misma libertad frente al aprisionamiento meramente racional del momento. Donde percibimos la vida y no un corte tranversal y entumecido que sólo ofrece un contenido pero no la función de la vida como tal, percibimos siempre un devenir (de otro modo no podría ser vida). Sólo cuando entra en función la capacidad peculiar de intuir el ahora en la continuidad de un curso que se extiende hasta él, hemos visto realmente la vida. Cuanto más lejos llevemos la visión de esta serie, tanto más problemático y cambiante será el hecho de que un trozo grande de lo que llamamos pasado sea abarcado como unidad. El arte de Rembrandt consiste en que tal sucesión, que no se desarrolla en absoluto en una amplitud determinable, al conservar esta forma es en nosotros, sin embargo, una visión, o más rigurosamente, su arte nos permite sacarla de ella. Pero no se debe ceder a la tentación del concepto de sucesión, como si, por decirlo así, las estaciones singulares y determinadas por el contenido fuesen construidas unas después de las otras. Pues con esto la temporalidad sólo sería una forma de ordenación exterior de la situación objetiva de una vida que se describe fijamente, mientras que aquí se trata justamente de la corriente del devenir en la que se resuelve sin más la significación de los momentos singulares que son por sí y tienen un mero contenido (lo cual es indiscutible para las demás aplicaciones de categorías). Por eso se trata de que toda forma que ha llegado a ser o que llega a ser sea vista en la rítmica agitada de la vida del destino o de la evolución: Rembrandt no expone, por decirlo así, esta forma ya lograda, sino la vida total, vivida justamente en ese instante y vista a partir de él. Kant, cuya directiva espiritual se encaminaba a las formas del contenido del ser, a la logicidad y supraindividualidad, designando con ello un polo contrario al de Rembrandt, expresó una vez un pensamiento especulativo que, en cierto modo es afín a esta interpretación de la visión de la vitalidad. Decía, refiriéndose al proceso de perfeccionamiento, que no sólo en virtud de la insuficiencia de nuestra eticidad empírica se exige la inmortalidad sino que aparece, como algo indefinido para el concepto, en la moralidad empírica misma; sin embargo, nos hacía dignos ante los ojos de Dios de la felicidad trascendente. Pues "lo Infinito para quien la condición del tiempo es una nada, ve en esta serie para nosotros indefinida el todo de la conveniencia con las leyes morales y la santidad... tiene que corresponder a una sola intuición intelectual de la existencia del ser racional". La clase de intuición que Kant presupone aquí es ciertamente supratemporal e intelectual; pero ejercita su poder unitario, que supera todo lo extendido diversamente en el mismo objeto, del mismo modo que la intuición artística y sensible de Rembrandt: en la vida temporal que se extiende a través de una multiplicidad infinita y continua. Así como el ojo divino para ver un alma humana como siendo completa no espera a que haya alcanzado, en un determinado punto del tiempo, una fija condición de total perfección, y que permanezca en él; así como el proceso inconcluso de una existencia que se eleva le ofrece ya la imagen única que para el alma de un hombre se puede llamar perfección, así también, en los retratos más profundos de Rembrandt, aparece la esencia de un hombre en particular con una unidad que no ha alcanzado un punto de evolución finitamente logrado, sino que comprende la totalidad de una constante evolución. Y esta comprensión no es la fuente de una abstracción conceptual sino la de una visión específica, para la que los conceptos son tan poco adecuados como lo eran para la visión divina, supuesta por Kant, de un alma que sigue viviendo hasta lo infinito. Pues así como la separación entre la representación psíquica subjetiva y el objeto que le corresponde exteriormente es sólo una abstracción posterior, mientras que originariamente existía la peculiar imagen determinada por el contenido, no diferenciada todavía, en subjetividad y objetividad, así también, si percibimos la vida, la separación absoluta de un ahora fijamente aislado y un pasado extendido es en general un hecho de reflexión intelectual. En la realidad, en primer lugar e inmediatamente, percibimos una unidad temporalmente extendida y no desplazada en momentos. Y así como esta visión, en relación con su objeto, no es ni su ahora puntual ni su pasado extenso, sino la fluente unidad de los dos, así también en relación con el sujeto, la unidad no es la sensibilidad aislada ni la aislada construcción intelectual, sino una función totalmente unitaria que sólo desde otros puntos de vista se había diferenciado en aquellos dos.

Sólo así el problema del movimiento, del que hablaba antes, está colocado en la serie justa. En primer "lugar todo "movimiento artísticamente representado" está frente a la siguiente pregunta: ¿cómo el momento único, fijo y temporalmente inextenso ofrece la imagen que puede hacer intuitivo un movimiento extendido en el tiempo? Esto no es alcanzado por un artista inferior, sino que la figura aparece, por sus actitudes, como si estuviese fijamente congelada y lo mismo ocurre con las instantáneas. Pues si se reproduce el fenómeno absolutamente momentáneo, realmente y desde fuera, vale la demostración de Zenón para la imposibilidad de la flecha voladora: si la flecha en cada instante dado está en un determinado lugar, está en reposo, por breve que sea el tiempo en que reposa; pero si en un instante cualquiera está en reposo, lo está siempre y, en general, no se puede mover. El sofisma se encuentra en el hecho de que la flecha debe, en general, estar en algún lugar en reposo. Sólo ocurre ello en la abstracción artificial y mecanicista del pésimo artista y del fotógrafo que toma una instantánea; pero en realidad la flecha atraviesa cada uno de los puestos y no se detiene en ninguno, por breve que sea el tiempo que ocupara en ello; es decir, el movimiento es una especial clase de conducta que no se puede componer de momentos singulares de detención. El movimiento real de un cuerpo no se nos muestra en una singular posición, sino en la constante travesía de determinaciones espaciales; justamente si no se moviese estaría acaso en un lugar. Por tanto, es una especie de visión esencialmente diferente a la que se puede concebir por el punto de vista mecánico-atomístico, para el cual sólo "existen" momentos y estados presentes.

Se ha dicho del barroco –especialmente de la arquitectura, pero con una transposición significativa de las demás artes plásticas– que en lugar de la forma cristalizada y pétrea, tal como había sido el ideal formal del Renacimiento, había introducido lo orgánico, la hinchazón y el recogimiento, las ondas y las vibraciones de la materia. Es por completo cierto que el barroco introdujo lo viviente en lugar de la forma estable y abstracta; pero sólo consideró el movimiento mecánico de lo viviente. Es la época en que apareció la psicología mecanicista, también en Spinoza, el adversario de Rembrandt. Por cierto el fenómeno artístico está ahora determinado por inervaciones del alma con indiferencia a las leyes propias de la forma y de la materia como tales. Pero estas inervaciones desembocan en el carácter del movimiento mecánico, en la suspensión y la caída, en el apretamiento y el desgarramiento, en la dilatación y la vibración, todo lo cual es muy diferente al movimiento real y por completo anímico de Rembrandt. Por eso también el espectáculo de estructura barroca no se presenta como siendo interiormente auténtico. Me parece muy significativo el hecho de que los malos cuadros históricos o de género se nos ofrecen a menudo como si no representaran inmediatamente su objeto sino un "cuadro vivo"; es decir el sentido esencialmente artístico de un proceso vital se debe agotar en un momento en el que la temporalidad esencial expone el pasado. No se ubica en una supratemporalidad sino simplemente en la intemporalidad; no en un orden diferente sino en ninguno en general. Es como cuando un mal actor representa el momento del "agradecimiento", en el que sucede, en cierto modo, la acción real y continua, mientras que el actor artístico evita esta atomización desmenuzadora y mantiene su representación en una constancia que, justamente, en cada momento permite ver, en esencia, a su totalidad. La actitud móvil de la obra de arte completa provoca en nosotros semejante visión de la totalidad. Ciertamente que cuando se sigue aquel modo externo de contemplación, también la obra de arte perfecta puede no mostrar movimiento alguno sino sólo un momento inmóvil; pero la innegable diferencia en el efecto frente a la actitud correspondiente de la mala obra de arte, demuestra que todavía tiene que haber aquí algo diferente y superior. Pero no se crea que en la representación de la fantasía se trata de determinados estados que se anteceden o suceden: esta creencia tendría, a su vez, el presupuesto mecanicista y singularizante, y el movimiento de la vida estaría de nuevo dividido en fenómenos de contenido singular no vinculados interiormente.

La representación artística de la movilidad

¿Qué es, en general, lo que se mueve en un cuadro? Puesto que la figura pintada, en sí misma no se mueve como en el cinematógrafo, sólo podrá significar que la fantasía del contemplador está excitada a completar el movimiento en y desde el momento representado. Pero justamente contra esta evidencia natural tengo objeciones. Si examino rigurosamente lo que aparece en mi conciencia ante la contemplación del Divino Creador de la Sixtina o de María en la *Crucifixión* de Grünewald, no me encuentro en lo más mínimo ante estadios anteriores y posteriores al momento representado. Esto sería completamente imposible, pues, cómo una configuración de Miguel Ángel se podría ver en otra actitud que la que él mismo ha mostrado, es algo que el contemplador S. no puede construir. Sería una configuración de S., pero no miguelangelesca, no sería un momento del movimiento de la forma de que se trata. Antes bien, de un modo que se diferencia de la percepción del movimiento real por la intensidad y la compresión, el gesto pictórico está inmediatamente cargado de movilidad. Aunque parezca paradójico, le es inmanente y no se supone que está en movimiento por un antes y un después: la movilidad es una cualidad de ciertas intuiciones. Si el movimiento, según su sentido lógico y físico, exige una extensión en el tiempo; si, por otra parte, nuestra intuición, según su sentido lógico, que por cierto se puede mostrar en seguida como irreal, se efectúa en momentos inextensos, también se resolvería esta contradicción si la movilidad, como los colores, la extensión y, en general sus cualidades, pudiera residir en la imagen momentánea del objeto; sólo que ésta no está como las otras tan en la superficie ni puede ser captada y mostrada de una manera simplemente sensible. Pero el artista la lleva a su punto más alto al poder ligarla con un cuadro que, efectivamente, es inmóvil. Y únicamente aclarando que tampoco, frente a la realidad, vemos las actitudes como fijadas por una instantánea, sino que vemos el movimiento como continuidad –lo cual es posible porque, como hemos indicado, nuestra vida subjetiva misma es una continuidad vital y no un compuesto de momentos singulares que no tendrían en general ningún proceso y ninguna actividad–, sólo así se entiende que la obra de arte pueda ofrecer una verdad mucho mayor que la instantánea. En este caso no precisamos, en absoluto, apelar a la llamada verdad superior que, frente a la reproducción mecánica exigiría la obra de arte; antes bien es el cuadro, en sentido inmediato y por completo realista, cuya impresión, mediante un medio cualquiera, ha reunido en sí un movimiento continuo, el que está más cerca de la realidad (que en este caso sólo significa la percepción consciente de la realidad) que la instantánea. También aquí, y por esta totalidad ofrecida en un punto de la intuición, el movimiento en general llega a tener un valor estético. Si dentro de la obra de arte sólo significara que el momento representado se añade por asociación o fantasía a uno o más momentos que lo anteceden y suceden, no veo qué valor estéticamente cualitativo podría producir este mero añadido a los momentos dados. En mi opinión ocurre aquí lo mismo que con la significación de la tercera dimensión en la pintura, cuya realización en el cuerpo artísticamente representado, vale como valor artístico. La tercera dimensión, en cuanto realidad, sólo es táctil: si por el contacto de los cuerpos no sintiésemos una resistencia, sólo tendríamos un mundo de dos dimensiones. La tercera dimensión reside en el mundo de un sentido que no es el de la superficie coloreada del cuadro. Si por toda clase de medios psicológicamente activos se le pidiera prestada, por asociación, la tercera dimensión, sería ello un simple aumento numérico más allá del *quantum* ya existente de dimensiones, un colgante en lo dado que sólo nacería por la reproducción anímica del contemplador y en el que no se podría reconocer un valor como elemento artísticamente configurado por el espíritu creador mismo. Si la capacidad de sentir la tercera dimensión tiene tal valor, es preciso que sea una cualidad inmanente de la obra de arte inmediatamente visible. En una trasposición, cuyos caminos no son más rigurosamente descriptibles, la tactilidad, en la que únicamente consiste la tercera dimensión como realidad, llega a ser una nueva nota cualitativa de la pura imagen óptica a la que, por cierto, se limita el dominio de producción del pintor; con la mera asociación, de algún modo alcanzada, de la tercera dimensión –que retenía al lado de ésta su significación de realidad–, no se enriquece en absoluto la condición artística de un cuadro en particular, sino que mantendría un préstamo de otra capa, a la que no podría enlazarse orgánicamente e incorporársela. En oposición a una ilusión artística del panorama, lo que llamamos la tridimensionalidad del cuerpo en la obra de arte pictórica es una determinación que corresponde a la impresión visual, es un enriquecimiento e interpretación, una intensificación y realzamiento sensible de lo intuitivo como tales. Lo "añadido", en relación con el espacio, se comporta como lo que ocurre con relación al tiempo. Lo que asociativamente, desde fuera de lo inmediatamente intuido, parece articularlo –los estadios del movimiento anterior y posterior– y la tercera dimensión, por detrás de la superficie, se revelan ahora como una especial calificación de aquello en lo cual consiste realmente la obra de arte: de lo intuitivo que se encierra en sí mismo en el tiempo y el espacio. Como se ha dicho, el artista lleva tal calificación de lo inmediatamente visible a su mayor altura y pureza. A pesar de la expresión intemporal sólo se la puede designar con conceptos de tiempo; sentimos el instante del movimiento como la consecuencia del pasado y la potencialidad de lo futuro; se transporta al movimiento una fuerza que, por decirlo así, está reunida en un punto interior; cuanto más puro y fuertemente está concebido el movimiento, tanto menos necesitará el contemplador de asociaciones intelectuales o fantásticas, ya que sus determinaciones estarán inmediatamente dentro de la intuición y no fuera de ella.

No investigo aquí en qué peculiar trasposición e idealidad el artista imita este impulso interiormente anímico que, con la intuitividad, se enlaza a una unidad artística en la que el movimiento del cuerpo está todavía reunido y desplegándose desde sí mismo. En Rembrandt tuvo que acontecer con una fuerza y seguridad en la dirección inauditas; de tal manera que en el instante en el que el gesto (y como una suma de gestos la "actitud") del hombre es concebido está realmente el movimiento entero. Hace notar intuitivamente que este sentido interior e impulsivo suyo hacia una unidad es tal que cuando se concibe un momento particular se representa su totalidad: lo que ya ha pasado, como su causa y conductor; su futuro, como efecto y energía todavía vigorosa. Decía antes que su vida es en cada uno de sus instantes toda la vida en particular: porque vivir únicamente es el desarrollo continuo a través de oposiciones de contenido, puesto que la realidad no se compone de partes, y su totalidad, por tanto, no existe más allá del momento individual. Esto se ha mostrado también como siendo la esencia del movimiento singular, y únicamente así se aclara el modo como aquellos *mínima* de líneas, con las que muchos dibujos y grabados de Rembrandt interpretan su movilidad, representan de un modo válido su sentido expresivo. Si el movimiento es realmente concebido desde dentro, con toda su fuerza, dirección y unidad no desbaratada y si se lo vive artísticamente desde lo íntimo, la parte más simple de su apariencia ya será toda ella, pues cada punto contiene lo que ha transcurrido, porque lo determinó, y lo que todavía está ante ella, porque lo determina –y estas determinaciones temporales están reunidas en la visibilidad única e instantánea de una línea, o mejor, esas determinaciones son esta línea misma.

Si se parte de la esencia de la vida –en virtud de la cual se torna intuitivo el movimiento de una línea, que existe de modo inmóvil–, será visible en la fija fisonomía de los retratos más perfectos de Rembrandt toda la historia de la personalidad, abarcada, por decirlo así, en un solo acto, como determinación cualitativa del instante único. Por aquí interpreto su diferencia con el retrato del Renacimiento, puesto que en él se buscaba el ser del hombre, mientras que en Rembrandt se busca el desarrollo temporal del ser; allí se persigue la forma, en la que la vida ha llegado a encerrarse de una vez para siempre y que por eso mismo puede ser intuida en una intemporal autonomía; aquí la vida misma, concebida por el artista en el instante en el que su corriente, transponiendo constantemente al pasado en presente, llega a una intuición inmediata. Por eso se aclara fácilmente que el arte del Renacimiento, aunque con respecto a la vida sea una alta abstracción, se puede, sin embargo, percibir óptica y sensiblemente de un modo muy puro, mientras que el de Rembrandt presupone más al hombre entero, que, como contemplador, percibe la totalidad de la vida en su función. Ahora bien, aquella total y vital analogía del movimiento singular con la fisonomía del retrato sugiere para la génesis de la última una expresión análoga. Lo decisivo era que el punto de partida no estaba en el fenómeno exterior de un momento del movimiento sino en la dinámica interior y reunida; que la representación artística, correspondiente al movimiento real –aunque en una transposición artístico ideal–, se desplegaba partiendo del impulso anímico que parecía contener potencialmente y separaba de sí, de una manera enigmática, la energía y la dirección de la acción del cuerpo. Teniendo en cuenta que toda expresión es simbólica, diría que en cada gran retrato de Rembrandt parece haberse añadido al fenómeno sensible una vida en la que la total potencialidad de su origen se realiza en devenir. Pero ésta se desarrolla desde dentro.

La unidad de la composición

La diferencia se extiende, por encima de la forma particular, hasta la estructura del cuadro en su totalidad. La unidad del cuadro del Renacimiento, bien compuesto, yace fuera de su contenido mismo; se la tiene que pensar como forma abstracta: pirámide, simetría de los grupos, contraposición entre las figuras singulares, formas cuya significación independiente podrían ser llenadas también con otros contenidos. Pero prescindiendo de esta forma puesta en una exterioridad ideal, el cuadro tiene a menudo una unidad muy inferior que más bien consiste en una sucesión de partes que, puesto que todas son ejecutadas al mismo tiempo, se sustraen totalmente a la relación orgánica. Naturalmente, esta proposición sólo vale, en medida muy limitada, para el arte italiano en general. En Giotto no es sensible ninguna extrañeza interior entre la forma de la composición y la vida propia de las configuraciones; en primer lugar, porque las últimas no están en general fuertemente individualizadas y no exigen existencia alguna que trascienda a la función de su adecuado modo de darse en el cuadro; y en segundo lugar, porque la forma no es geométrica sino arquitectónica. El esquema geométrico de las composiciones ulteriores tiene un carácter de abstracción cuya vacuidad y sentido pesadamente independiente no se pueden superar, en absoluto, por ninguna realización espiritual y viviente en lo singular. Una formación se podría llamar arquitectónica cuando está producida inmediatamente por la extensidad material y la intensidad dinámica de sus realizaciones y que es idéntica a éstas. El principio arquitectónico está más allá del contraste entre lo esquemático y la vida. Los grupos de Giotto no crecen, en cuanto grupos, de la individual vitalidad de las configuraciones, como en Rembrandt; pero tampoco como desarrollos de un esquema que los antecediera con su propia significación geométrica; sino que es como un edificio, en el que ninguna parte tiene una vida propia sino que cada una de ellas introduce una masa, una forma y una fuerza peculiares y por eso puede nacer inmediatamente la unidad arquitectónica no comparable con ninguna parte singular. Con razón se ha destacado que únicamente en Giotto el suelo muestra realmente una fuerza capaz de soportar las figuras que se levantan sobre él, lo cual sólo es un lado del carácter arquitectónico de sus visiones.

En las *madonnas* de Rafael el motivo geométrico determina esencialmente a las composiciones, y tiene tal poderío pictórico –por lo menos posteriormente– que la vida propia de las configuraciones se adapta a la forma sin contradicción interna y sin contingencia. En la *Madonna de Castelfranco*, la construcción triangular es indudablemente algo mecánico y sin justa relación con el sentimiento lírico total del cuadro; pero es interesante ver cómo precisamente este sentimiento y la profunda belleza de la configuración dominan a la inutilidad de la forma geométrica, de tal manera que el efecto total aventaja para muchos a la de las obras correspondientes de Rafael, aunque en éste el esquematismo geométrico y su contenido viviente constituyen una unidad mucho más natural y armónica. Sólo entre los maestros menores es totalmente visible que el esquema y su realización están conducidos y separados del ser viviente por aspiraciones fundamentales aunque incoherentes. Pero no se puede negar que la aspiración racionalista depositada en la esencia románica y que tiende hacia una forma exterior claramente intuible y cerrada en sí exige tales esquemas que, frente al contenido, y mediante autonomía de sus sentidos, actúan como siendo vacíos y de modo mecánico. También la poesía parece confirmarme esto, ya que la forma específicamente románica del verso es el soneto. Aquí se presenta aquella conclusión intuitiva que no permite continuación alguna. Por eso tiene, por una parte, un carácter intemporal o histórico, de tal modo que en un soneto no se puede narrar nada, y, por otra parte, cierra el camino hacia lo infinito, que es la riqueza y quizá la tentación de los pueblos nórdicos. (En la forma del verso de Dante con su inacabamiento esencial se simboliza lo que hay en él de espíritu gótico.) El soneto se asemeja al ornamento clásico con sus formas que se vuelven sobre sí mismas, frente al nórdico que se quiere prolongar a lo infinito. Esta plenitud de la forma, por decirlo así, tendenciosa e implacablemente acentuada, favorece el hecho de que el soneto sea la forma del verso que conduce la mayor parte de las veces a un entretenimiento exterior y que más fácilmente actúa de un modo vacío y formalístico, siempre que, como ocurría con el esquema geométrico del arte clásico, este peligro no esté dominado por una singular genialidad. Ahora bien, en Rembrandt la forma total del cuadro con muchas figuras crece a partir de la vida de las figuras singulares; es decir, la forma de la vida de la figura singular, exclusivamente determinada por su centro propio, fluye en cierto modo por encima de ella misma y tropieza con la de la otra con un influjo recíproco y una mutua fortificación, modificación y entrelazamiento. Aquí no existe una forma total que abarque el todo y que pueda tomar a la totalidad como siendo por sí misma representable y significativa ni se puede trazar un esquema tal como el de los cuadros geométricamente compuestos. Quizá la inaudita impresión que produce *La ronda nocturna* es que la unidad del cuadro no es, por decirlo así, nada por sí, no está abstraída de él ni reposa en una forma que estuviese más allá de sus realizaciones; sino que su esencia y fuerza sólo es el inmediato entretejido de las vitalidades que brotan de cada individuo. Si se quisiera hablar de una vida total que soportase este cuadro, ya se iría más allá de su inmediatez y se construiría una unidad abstracta; la vida sigue estando hundida en cada figura singular y al irradiar de una a la otra no entrega su centro a alguna otra unidad que estuviera por encima de ella. Sólo el espacio que lo rodea totalmente puede ser atravesado en esta constelación por olas semejantes a las de la vida, y si lo mágico de este cuadro se quisiera designar –con un símbolo inevitablemente subjetivo– se tendría que decir que el espacio mismo parece haber llegado aquí a un movimiento viviente y no sólo las apariencias dadas en él. Pues la unidad total del cuadro, que se siente con una inaudita vitalidad, no sólo se ha aguzado hasta llegar a una forma válida en sí misma, representable separadamente de sus contenidos, sino que consiste en la suma de las figuras que, sin embargo, no están separadas sino que, como he dicho, poseen, con su vitalidad intensiva, una recíproca adhesión; de tal manera que efectivamente sólo aparece el medio común: el espacio, a través del cual las esferas de la vida que se organizan en él se presentan como una gran unidad llena de vida y, por tanto, vitales.

En la sensación del espacio hay pues una extrema oposición con el Renacimiento italiano, tanto en la pintura como en la arquitectura. Aquí el espacio es el escenario fijamente recortado que ofrece a los hombres en movimiento la actitud contraria, inmóvil. El romano exige, no sólo, por lo demás, en el Renacimiento, la clara visibilidad del espacio y su configuración en reposo que, como se ha dicho, soporta la movilidad de los hombres dentro de él, pero no la tolera como siendo una misma cosa con él. Me parece que algunas iglesias góticas de Siena muestran este hecho en una medida tan fuerte que llega hasta una especie de sustancialización del espacio. En San Francesco y Santo Domenico se tiene la impresión de que el espacio interior no sólo es una parte delimitada por los muros sino una forma corporal, una sustancia de configuración autónoma; es como si, destruidos los muros, el firme cubo espacial, delimitado por sí mismo, siguiera existiendo intacto. En oposición extrema a esto el espacio del gótico nórdico parece moverse, mudando a cada paso la visión del todo, tal como la vida, al andar, cambia sus esencias; el espacio no tiene una formación fijada en sí mismo sino que parece reabrirse cada vez. Por eso dentro de las iglesias italianas la relación del hombre con el mero espacio es diferente a la de las iglesias nórdicas y góticas. La llaneza con la que se refleja en aquéllas la vida popular está seguramente en conexión con el hecho de que el edificio es sentido como una base objetiva, cuya estable configuración se le puede exigir. El espacio de una iglesia gótica está, para nosotros, por decirlo así, en un equilibrio muy lábil y destructible, es como si tuviese una propia movilidad a la que uno sólo se debe acomodar sin irritarla con los movimientos correspondientes a los órdenes externos. Muy diferente, pero sin embargo de algún modo afín a esta configuración, me parece que es el secreto del espacio de *La ronda nocturna.* Aquí el espacio no tiene ni la fija consistencia espacial del Renacimiento, que es eficaz del modo más preciso en las iglesias, ni tampoco la vibrante y variada vida anímica propia del gótico, sino que en sí es por completo indiferente al movimiento aunque siempre capaz de él; de tal manera que está arrastrado por las corrientes de la vida que fluyen de él. El poder de estas vitalidades es lo suficientemente grande como para sacudirlo de su reposo y forzarlo a la unidad singularísima del movimiento del todo.

Se tiene que aclarar que aquel valor del cuadro, que hemos llamado su unidad, es elaborable de maneras más diversas que lo que nuestro modo de pensar educado en lo clásico reconoce en general. Este concepto habitual se atiene por completo a la forma que, frente a sus realizaciones, se repliega independientemente sobre sí misma y expone en cierto modo un concepto unitario. Pero evidentemente esta clase de unidad no está ligada con las realizaciones orgánicas sino que se puede realizar, con el mismo resultado de ser una formal perfección encerrada en sí, en contenidos no vivientes. A diferencia de esto, empero, existe una unicidad que se adhiere inmediatamente a sus realizaciones y que justamente puede existir con una materia en particular, porque sólo puede nacer de ella. Ésta es exclusivamente la unidad del ser orgánico. No se puede pensar como una forma que se pudiese llenar con cualquier otro contenido cualitativo. Y partiendo de una multiplicidad de tales seres se puede producir una forma que a su vez sea unitaria porque sus partes constitutivas mostrarán un entretejimiento y crecimiento unidas en el sentido vital, pues la esencia de la vida es ir más allá de ella misma y radiar desde sí sin perder su unidad, y rodearse con una esfera que trasciende a su primaria abarcabilidad. Su unidad siempre sigue vinculada con su punto medio, aunque al actuar en las esferas de las otras las penetre y las fusione. En el modo de pensar alemán yace de antemano otra posibilidad de sentir la unidad que no es la del clásico. La *Melancolía* de Durero, el *Comerciante Gyse* de Holbein y muchas naturalezas muertas holandesas muestran una yuxtaposición de cosas singulares que, desde el punto de vista del arte clásico, parecen contingentes e inconexas. Pero aunque al creador mismo seguramente no le parecerían así, se las comprende, sin embargo, partiendo del anhelo de tal espíritu germano por la forma clásica. Pues lo inorgánico sólo alcanza unidad intuitiva en las formas abstractas y geométricas; no puede, alcanzar por crecimiento desde dentro una configuración con sentido, es decir unitaria; se sustrae a aquella esfera móvil a través de la cual un ser viviente puede marchar juntamente con otro. El antiguo defecto de una conjunta concepción exterior estaba en contradicción en el arte alemán con la peculiar unidad no clásica a la que aspiraba este arte, y no podía lograrse en un material inorgánico. Por eso, si mi impresión no es engañosa, sentimos a los cuadros de esta categoría como mucho menos desgarrados y contingentes tan pronto como contienen total o casi exclusivamente figuras humanas. Con matices muy notables, lo muestran los cuadros del viejo Brueghel, especialmente los que tienen figuras relativamente grandes. Según su esquema abstracto se los podría tener por los más abigarrados y faltos de unidad posible. Pero en su totalidad concreta de ningún modo actúan así. Parece atravesarlos una vida elemental altamente poderosa, que es por completo indiferenciada y en la que el cuadro singular no toma coloración individual alguna al sobrepasar a los individuos; de tal modo que es, por decirlo así, indiferente qué trozo de esta vida –en sí totalmente uniforme pero con todo por completo característica– cruza este o aquel cuadro. Su unidad no puede ser asida como una correlación formal y cerrada de las partes, sino que procede, o coincide, con la indivisibilidad de aquella vida universal que es una y la misma en cada una de sus secciones, grandes o pequeñas. Evidentemente esta unidad vital no tiene nada que ver con la composición clásica sino que puede subsistir a su lado con absoluta despreocupación. En cada particularidad de estas figuras, por peculiar que sean sus acciones y actitudes, es esta fuerte vida de característico ritmo, de la misma especie; incluso, es susceptible de ser sentida en igual medida y producir un número y un orden cualquiera en su unidad. Pero ésta se logra, como ya se ha dicho, con la condición de la indiferenciación de las formas individuales. El grado más alto, en que las vitalidades individualizadas, puramente consideradas como tales, pueden alcanzar unidad, sin necesitar, para ello, de la estructura clásico-formal y geometrizante, lo ha logrado Rembrandt y del modo más preciso en *La ronda nocturna*. Aquí la aspiración a aquella unidad específica se ha entendido a sí misma.

La ronda nocturna es uno de los cuadros más enigmáticos. Cómo de estas configuraciones confusas y sin plan, según los conceptos usuales, yuxtapuestas e interpenetradas y sin forma, se puede proporcionar la unidad del todo, sin la cual su efecto inaudito no sería posible, es lo que según aquellos conceptos no se podría explicar. Pero *La ronda nocturna* sólo tiene por contenido vitalidades múltiples y características y habiendo proporcionado un lenguaje intuitivo al secreto de sus puros intercambios vitales satisfizo, por primera vez en la historia del arte, aquella vieja aspiración germánica por una unidad que en vez de ser formal y cerrada o representable por sí misma fuera realizable tan sólo en sus portadores. La unidad ha llegado aquí, de una manera profunda y lábil, al mismo tiempo, a un modo más osado que el de la obra de arte clásica, en la cual estaba soportada por el sentido preexistente de la forma que daba una cierta garantía a la imposibilidad de la destrucción y a la necesidad de la comprensión. Existe una profunda relación con el principio de la individualidad: la unidad es aquella estructura cuya forma está absolutamente enlazada con su realidad, y no precisa el supuesto o la certeza de un sentido autónomo abstraído de esta realidad.

Precisión y detalle

Para este concepto de forma ya hemos aludido anteriormente a un momento de la mayor importancia: a los matices en los grados de precisión en la pintura de Rembrandt. El dominio de la forma clásica, con su aspiración a una simplicidad geométrica y visible en conjunto, tiene, justamente por eso, una aspiración al principio lineal e incluso el colorismo del arte veneciano no lo puede negar. Los colores que ofrecen por cierto su campo peculiar a las diferencias de la precisión de Rembrandt, tienen, en y por sí, un profundo contraste con el principio de la forma en su significación esencialmente lineal y plástica. Si en la forma se expone, en cierto modo, la idea abstracta del fenómeno, el color estará más acá y más allá de esto: es sensible y es metafísico; su efecto es, por una parte, inmediato, por la otra, más profundo y secreto. Si la forma se puede designar como lo lógico del fenómeno, el color significará su carácter psicológico y metafísico –aunque estas dos intenciones son totalmente diferentes entre sí, tienen de común su oposición al principio lógico. El pensar, interesado preferentemente en lo lógico, se comporta de un modo negativo frente al modo de sentir psicológico y metafísico, y me parece que ello fue la profunda causa por la cual Kant, en su sistema estético de valores, rechazó el color propiamente dicho en favor de la forma. Ahora bien, si se aclara que el color, a diferencia de la línea –tal como en su lugar la psicología y la metafísica a diferencia de la lógica–, es el lugar de la gradación de lo más fuerte y de lo más débil, del *valeur* con sus posibilidades cualitativamente infinitas, sin más será patente que, con el predominio de la forma y de su tendencia geométrica, estará dada la ejecución proporcionada de todas las partes del cuadro. En la forma geométrica todo está igualmente justificado; se pueden trazar en ella líneas auxiliares que están destinadas a desaparecer, pero no dirigen la forma misma sino la intención de una prueba matemática. La tendencia geometrizante y la rigurosa precisión de todo el procedimiento sólo son dos expresiones para la misma reflexión racionalista. Pero en sentido profundo lo decisivo no es esta precisión sino la proporcionalidad de la ejecución por la cual el modo de pintar tanto puede ser vibrante, coloreado, trascendente de todo limite, como rigurosamente lineal o pintado con pequeñas pinceladas. Esta proporción no sólo es lo contrario de la vivencia real de la visión; es, si se la concibe con más amplitud, la propia del ser inorgánico y mecánico. Donde la imagen de la cosa está tomada de la vida y su reproducción está impregnada de ella, allí se dará también la falta de proporción en la ejecución y en el fundamento interno y externo, tanto en sentido espacial como cualitativo. Pues la vida es una ordenación en la que se acentúa el hecho principal y el más descuidado hecho accesorio; es posición del punto central y gradación hacia la periferia –es una forma interna, que no contradice al ser total y permanente (anteriormente afirmado) del curso vital, porque está en otra capa. En esa medida, si se quiere, tiene la vida con respecto al mundo algo injustificado; pero toda genialidad se expresa de tal modo que nos convence de haber realizado una profunda justificación del objeto mismo aunque la distribución del acento dependa inmediatamente del sujeto y no del objeto –no por cierto en su riguroso aislamiento separatista ni tampoco en la pura contemplación cósmica que quizá no le permite a los elementos distinción alguna de significación. Pero mediante esta distinción la relación entre el sujeto y el objeto, que sin embargo es también un hecho objetivo, ha sido bien expresada. Goethe ha hablado una vez de "ciertos fenómenos de la humanidad" (a saber "formas de la existencia viviente y de la acción de la humanidad") que "son erróneos hacia afuera y verdaderos hacia adentro". Se encuentra algo semejante en la gradación de la imagen de la existencia que es propia de su concepción viviente, en contraste con el equilibrio artificial que es propio de lo mecánico. La estructura de este cuadro que, visto desde fuera, es desproporcionado, desde dentro es acorde. Pues la vida misma es así; si se la considera según sus fenómenos y resultados y según las descargas que el individuo ha depuesto hacia afuera como sus contenidos de existencia, será desproporcionada y casual, discontinua e injustificada; pero vista desde dentro es todo esto, por lo menos según su idea, la evolución continua, necesaria y adecuada de un germen unitario.

Pero la diversidad y gradación de las precisiones sirve a la forma peculiar que sólo corresponde a una estructura cualquiera. Todos los cuadros de Rembrandt, incluso aquellos en los que se siente específicamente la vida germánica, tienen su forma, en la que ningún otro contenido podría ser introducido. El cuadro, como totalidad, es individualidad, es decir, configuración de una materia que puede existir únicamente en esta materia. La esencia de la individualidad es que la forma no se puede abstraer de sus contenidos sin que pierda su sentido. Ciertamente, veremos después que el principio de la vida y el de la forma, de acuerdo con una profunda interpretación, se excluyen en cierto modo recíprocamente. A lo que ahora preguntamos se puede responder diciendo que el individuo humano, concebido realmente como pura individualidad, es la forma irrepetible; con respecto al cuadro de muchas figuras, afirmando que Rembrandt, de un modo jamás conocido con anterioridad a él, la entretejió partiendo de los individuos, sin trascender por encima de ellos hasta una "unidad más alta" o forma abstracta –y sin embargo, especialmente por la gradación de las precisiones, llegó a infundir al todo el aliento de una vida. Esto contradice absolutamente aquel concepto de forma por el cual significaría algo universal, infinitamente repetible en una materia cualquiera. Se le ha reprochado a Rembrandt su "falta de formas" porque se identifica de un modo totalmente ingenuo a la forma con la forma universal –el mismo error que se comete en lo moral cuando se identifica la ley con la ley universal, no reflexionando sobre el hecho de que a una realidad individual puede corresponderle una ley individual, o sea un ideal que vale precisamente para esta existencia en su totalidad y peculiaridad. La forma, tal como Rembrandt la elaboró, sólo corresponde a la vida de este particular individuo, vive y muere con él en una solidaridad que no le permite ninguna validez que vaya más allá de ella o que sea universal y soporte otras especializaciones.

Finalmente, el problema de la individualización y el de la precisión de la representación artística se enredan en un punto desde el que se eleva una contradicción contra representaciones usuales. Se está por completo habituado, para las representaciones artísticas de todo género, a admitir la correspondencia entre el detalle y la individualización. En la medida en que se abandona la exactitud de lo singular, la representación artística, en lugar de perderse en el último de los detalles alcanzables, se atiene a la intuición total, a la conexión con lo grande y entero –precisamente en esta medida parece que el arte no se dirigiera a la individualización del objeto sino a algo universal y compartido con otros. Según la estructura habitual de nuestros conceptos, la llamada "impresión general" contiene un fenómeno de lo que le es común con otros y únicamente por el añadido de determinaciones más especiales cada vez, la individualidad del fenómeno podrá elevarse hasta la unicidad e irreemplazabilidad. Pero me parece que es muy posible otra actitud que anula la ingenua identificación de detalle e individualidad. En muchísimos fenómenos, por lo menos, lo especial y lo minucioso es lo que conduce la gran visión conjunta y universal al detalle de la realidad inmediata –precisamente lo universal es lo común a un gran número de fenómenos; y sólo desatendiendo lo común para que resalte la unidad no dividida en las singularidades del fenómeno, se aprehenderá su esencia y unicidad más individual. La exposición monográfica de grandes personalidades espirituales ofrece, con ciertos cambios, una analogía. Lo que en ellas se puede designar como lo personal: las circunstancias de la vida exterior, la posición social, el estado civil, riqueza o pobreza, es justamente lo no personal del hombre; estas diferenciaciones del todo de la personalidad las comparte con innumerables otras. Lo espiritual, en cambio, su producción objetiva, lo que va más allá de todas estas particularidades, no se puede designar ciertamente como un universal lógico, pero es un universal, en virtud de que son innumerables los que participan de él cuando se ponen en la actitud adecuada para la posesión del todo de la humanidad. Esto, justamente, es lo que se tiene que considerar como lo personal propiamente dicho. Lo más universal para la humanidad y la cultura es para el creador lo más personal de él, que es precisamente lo que marca la unicidad de su individualidad. La individualidad incomparable de Schopenhauer no está en sus relaciones personales; el hecho de que haya nacido en Danzig, que haya sido un compañero poco afectuoso, que haya roto con su familia y muriese en Francfort, son todos rasgos típicos. Su individualidad, lo personal y único en Schopenhauer, es antes bien "El mundo como voluntad y representación", su ser y actuar espiritual que produjo de un modo tanto más individual cuanto más prescindió no sólo de aquellas determinaciones especiales de su existencia sino también, dentro del plano espiritual, del detalle de la producción. Sus particularidades y peculiaridades pueden recordar aquí o allí a otros creadores; lo más universal en él, lo que atraviesa todo de un modo unitario, es simplemente de Schopenhauer y sinónimo de él. Y así será en todas partes: lo que nos llega como la impresión más universal de una personalidad, lo que trasciende todo detalle, es su individualidad propiamente dicha; cuanto más penetremos en su detalle tanto más nos acercaremos a los rasgos que podremos encontrar también en otros; quizá no de un modo total, pero sí en amplia medida, el detalle y la individualización se excluyen recíprocamente. La razón por la cual esta diferenciación conceptual nos extraña yace en nuestro hábito mecanicista. En lo exterior y no viviente un fenómeno alcanza particularidad y relativa unicidad en la medida en que aparecen en él cada vez mayor número de determinaciones singulares. Pues en esta medida, precisamente, no es verosímil la participación de las mismas combinaciones; aquí, efectivamente, la individualización de una representación es lograda por el detalle dentro de su contenido. Lo mismo acontece también con los objetos psíquicos cuando los consideramos en su exterioridad psicológica y por tanto de un modo mecánico; pues también aquí la medida de la particularidad crece de un modo proporcional al número de las singularidades indicadas –aunque es patente que el logro seguro de una individualidad real jamás podrá ser una tarea que se pueda computar de este modo. Pero si una existencia psíquica es concebida desde dentro, no como una suma de cualidades singulares, sino como una vitalidad cuya unidad engendra o determina aquel detalle, cuya destrucción es la destrucción de éste, tal existencia, de antemano, estará allí como plena individualidad. Cuanto más se va extinguiendo su unidad en cada una de ellas, cuanto menos independientes son los límites que una levanta con respecto a la otra, tanto más palpable llega a ser aquella vida individual. Que un elemento cualquiera de ella pueda penetrar en otra vida se presenta ahora como un pensamiento sin sentido –lo que de ningún modo ocurre cuando lo propio del detalle, con su agudo contorno, compone al todo. Esto no sólo es válido para el ser humano aislado sino para la forma total en cuya conexión se funde con el paisaje, con el aire y la luz, con lo favorable de los colores y las formas; ya sea porque la figura se desenvuelve desde este punto superior, o porque es, por decirlo así, su cuerpo ampliado. La individualidad de la forma, como todo, y su unicidad, que nace porque cada partícula sólo tiene existencia y sentido en relación con este centro, ha sido favorecida, en todo caso, por la falta de un detalle más riguroso; pues tal detalle deja a las partes en una existencia singular que posibilita en principio su introducción en otra conexión y la sustrae a la unicidad de su significación actual. Me parece que es éste el profundo vínculo a través del cual el modo de pintar de Rembrandt, tan a menudo desdibujado en sus límites, vibrante e impreciso, puede llegar a ser un portador de su tendencia a la individualización.

La vida y la forma

Pero esta individualización, tal como yo he tratado de interpretarla, es decir como vida concebida y desarrollada desde dentro, proporciona a la forma un sentido o una especie de necesidad diferente a la del arte clásico. Casi como con una consciente oposición contra el principio de éste, la preferencia de Rembrandt es por los fenómenos andrajosos, por el proletariado, cuyos vestidos, desgarrados en harapos por las contingencias de su suerte miserable, aparecen desprovistos del sentido de la forma. Compárense con ellos las pocas configuraciones correspondientes de los cuadros italianos, en los cuales cada uno de los andrajos, por deflecado que sea, está sometido a un pensamiento esencial de forma. Para el arte clásico la forma significa el hecho de que los elementos del fenómeno se condicionan recíprocamente con una lógica que rige por debajo de ellos, de que la configuración de uno exige inmediatamente la del otro. Su significación es para Rembrandt la vida que corriendo desde un punto fuente tiene precisamente esta forma como su resultado o como el momento más claro de la intuición de su totalidad, que es la de la forma del devenir. Es como si –en la representación simbólica en la que el artista realiza posteriormente su objeto en sí– Rembrandt sintiera reunido el impulso total de una personalidad, como en un punto, y a través de todas sus escenas y destinos la desarrollara hasta su apariencia dada; de tal modo que, correspondiendo totalmente a los movimientos particulares, este instante singular y aparente está ante nosotros como habiendo llegado a ser desde un comienzo lejano, como habiendo reunido en sí a su devenir. Lo que aquí expresamos como un principio, puede ser visto muy incompleta y casualmente en la realidad opaca y confusa de la experiencia. El hecho que cada instante de la vida es toda la vida –o más precisamente que la vida es total– es el que la expresión artística revela con pureza y univocidad. Aunque cualquier rostro de Rembrandt tiene el fundamento de determinación de su forma actual en toda su historia, sus contenidos singulares no podrán por cierto ser leídos a partir de él; pero se llega a la convicción intuitiva de que desde el comienzo y desde la potencialidad de esta existencia particular una corriente del devenir la ha conducido y determinado en su forma actual; tal como ella está allí, ha llegado a serlo por la dinámica y la lógica interior de la vida.

El hecho de que el fenómeno actual puro como tal (independientemente de lo que en sentido histórico-biográfico tenga ante él, o en, sentido trascendental y psíquico detrás de él y en sentido fisiológico en él) pueda tener una ley formal, correspondería a su intuitividad autónoma, lo cual precisamente es lo ajeno a Rembrandt. Prescindiendo de contingencias no se encuentra en él algo semejante a la contraposición[1]. Todo está determi-

[1] Están excluidas de este auténtico carácter de su arte algunas obras italianizantes, de las cuales, la más notable por su éxito de público es la *Estampa de los Cien Florines*. No es, de ningún modo, fácil de captar la significación o el valor de los grabados de Rembrandt; para la apreciación de la *Estampa de los Cien Florines* le está allanado el camino a la mayor parte, porque se aproxima a la forma clásica a la que el sentido europeo del arte se adapta como a su potencia educativa y dominante. No se ha prestado la debida atención a este carácter de la estampa. Aquí se ha logrado, mediante el sacrificio de la totalidad oscura y fluyente de la vida, la clara construcción geométrica, el bello pliegue de las vestiduras (especialmente clara en la mujer arrodillada). La actitud representativa de las figuras, que recuerda un poco a la del "cuadro vivo", la claridad de este momento único de la vida de cada uno, expresable por conceptos, está aquí expuesta. Algo de la tragedia del espíritu alemán, que una vez y

nado desde dentro y lo extraño es que se proporciona un fenómeno pictórico valiosísimo; precisamente como es también un específico milagro del arte el hecho de que las más grandes entre las obras artísticas, las que aspiran, contrariamente al puro fenómeno, a su configuración meramente artística, alcanzan al mismo tiempo la expresión de todos los valores anímicos y no intuitivos inmediatamente. Pero se explica, sin embargo, por qué muchos que sólo son pintores no puedan ni quieran concebir los medios y efectos de Rembrandt.

Se puede, pues, formular una vez más el contraste entre el retrato del Renacimiento y el de Rembrandt, partiendo de las categorías últimas de la concepción del mundo. Los dos conceptos entre cuya intepretación y valoración tiene que decidirse la existencia paso a paso, son la vida y la forma. La vida, según su esencia, es por completo heterogénea al principio de la forma. Si se dijera que consiste en un cambio, en una destrucción y recreación continua de formas, se prestaría fácilmente a malos entendidos. Pues parece suponerse que consistiría en algún modo en formas fijas, ideales o reales, cada una de las cuales al ser engendradas o reveladas por la vida no carecerían de una subsistencia temporal extremadamente breve. Pero entonces, lo que llamamos vida propiamente dicha sólo existiría en la movilidad que va de una forma a la próxima, sólo existiría durante el intervalo que la conduce de aquélla a ésta; pues las formas mismas no se podrían acomodar, por ser en algún modo estables, dentro de la vida que es movimiento en absoluto continuo. Si se acepta con seriedad este último concepto no se podría llegar en principio a la fijación sin que el concepto de la forma deje de ser pensable. Podría resultar inevitable llamar forma a lo que engendra exteriormente la interior dinámica sin reposo de lo viviente; pero se proporcionaría un concepto que pertenece a otro orden. Pues la forma significa que el fenómeno, lo que el proceso de la vida lleva desde dentro a la superficie o que lo produce como siendo su superficie, está separado del proceso mismo; la forma significa que la vida alcanza la fijeza de una existencia ideal tan pronto como sus elementos son reconocidos como dependientes entre sí y como reunidos por una nueva legalidad de lo intuitivo como tal (aunque sea de lo intuitivo alimentado por la vida). La forma no se puede cambiar: pues el cambio significa la expresión de un sujeto que en el cambio de sus fenómenos mismos permanece; significa que entre un

otra está educado por su relación con el clásico románico, consiste en que la estampa más apreciada de Rembrandt sea precisamente ésta, en la que el espíritu de Rembrandt aparece del modo menos puro.

fenómeno y otro, por más que sólo tengan de común el hecho de ser fenómeno, estén enlazados por identidad de una fuerza que actúa en ambos y que a ambos impulsa. Pues como para su destrucción no es válida la exclusión lógica y recíproca de la unidad y la multiplicidad, sino que la multiplicidad de los órganos funciona como una unidad en sí inseparable, así también la multiplicidad de las "formas" que ofrece un ser viviente en el curso temporal es el cambio engendrado desde dentro por un ser unitario. La forma, empero, separada de su propia consistencia, es fija; una de ellas cualquiera no es otra anterior que se haya cambiado (cuando el uso lingüístico lo afirma, la somete a algo interior y viviente) sino que una está junto a la otra sin conexión y sólo son comparables por un espíritu que funciona sintéticamente. A través de sus diferentes relaciones con el tiempo y con la fuerza, la forma y la vida están absolutamente separadas. La forma es intemporal, porque sólo consiste en la yuxtaposición y en la relación de los contenidos de la intuición, en virtud de lo cual una se eleva sobre la otra y carece de fuerza, porque ella, concebida como forma, no puede ejercer acción alguna. Sólo dentro de la vida que sigue corriendo por debajo de ella y de su proceso causal se prolonga con eficacia ulterior hasta este estadio; pero tan pronto como se la saca de este lugar cae, junto con el fenómeno de la superficie, en un callejón sin salida. La corriente de la vida ha arrojado la forma a la orilla y el contemplador la decanta en una fenomeneidad sin más desprovista de desarrollo y que es definitiva; pero la corriente misma se sigue desenvolviendo en una continua eficacia de fuerza sin, por decirlo así, preocuparse por la imagen que ofrece a la mirada que la percibe desde fuera. Ahora bien, la distinción de principios de las dos posibilidades del retrato le corresponde aunque, naturalmente, con innumerables gradaciones. El problema del retrato clásico es el de la forma: después que la vida ha producido un fenómeno determinado éste alcanza para el artista una propia existencia ideal que expone con el color y en el espacio según las normas de la precisión, la belleza y lo característico. Abstrae el fenómeno del proceso de la vida que lo engendró y con ello son válidas las regularidades inmanentes a su configuración –de un modo aproximado a la manera como los conceptos abstractos apuntan a las relaciones lógicas entre sí, que son por completo diferentes de aquellas por las cuales se enlazan realmente las cosas singulares que están en su base. Naturalmente no se renuncia con esto a la animación del retrato, pues la expresión anímica, en el sentido en que he hablado anteriormente, en relación con el retrato del Renacimiento, es una cualidad inmediata del fenómeno corporal mismo; pero tampoco el ser anímico es dentro de este estilo un proceso vital en desarrollo temporal, sino la consistencia propia de los resultados;

es algo definitivo, sin tiempo y extendido a través de la dimensión del fenómeno corporal. La forma que ofrece el retrato de Rembrandt, en cambio, no parece estar determinada por el principio de la forma misma, por las normas de relación ideal que permiten que las partes del fenómeno se limiten y equilibren entre sí, sino por la vida que la impulsa desde dentro y que hace que aquel estilo se oculte por detrás del fenómeno. Interiormente se escucha el instante en el que la vida apunta a su superficie: el significado del fenómeno no está en el hecho de que se sostenga flotando libremente en el aire en virtud de leyes intuidas intemporalmente, sino en la dinámica del devenir del destino cuyo presente está soportado por el pasado. El fin de la vida parece en el arte clásico producir la forma, retroceder ante ella y ceder a su propio juego; en Rembrandt, en cambio, la forma sólo es un momento cualquiera de la vida, en la que encuentra el punto de unidad que jamás retrocede ante sus determinaciones; ella sólo es –de modo rectamente entendido– el modo contingente con la que su ser, es decir, su devenir, se vuelve hacia afuera. Como en todo gran arte, tanto en el clásico como en el de Rembrandt, se trata, en última instancia, de la unidad de la vida y de la forma; se trata del logro artístico de lo que al mero pensamiento parece inalcanzable. Pero el clásico busca la vida desde la forma; Rembrandt la forma desde la vida.

Las categorías fundamentales que actúan en el arte no se agotan, sin embargo, en ir de la sustancia a la vida o a su forma. En todas partes, junto con ellas actúa el peso y en primer término, el abandono al material de la obra de arte tridimensional. Al peso absoluto de la piedra, del metal, de la madera, de la cerámica, a las relaciones de peso de las partes singulares, a las fuerzas supuestas, que captan o lo dividen, corresponden, en las puras impresiones ópticas del objeto, sensaciones interiores muy específicas. Por ahora no nos preguntamos si están en juego las meras asociaciones de las experiencias de levantar, empujar y oprimir, tomadas de otra parte, o si se trata de modos diferentes de reacciones más inmediatas y no analizadas todavía. Estas sensaciones de peso se entretejen de un modo tan desconocido como el de la representación óptica y llegan así a ser elementos de la impresión de la imagen estética. Pero son propias, según la especie, de la obra de arte bidimensional: no sólo sentimos como pesada la copia del objeto grave en cuanto realidad objetiva y permitimos que lo sentido determine el efecto artístico, sino también, con total independencia de un ejemplar cualquiera y de su peso, el trazo de las líneas, las superficies y los colores –incluso en su aplicación puramente decorativa– actúan junto con la masa y la relación determinada del peso. Con esto se ofrece un momento significativo del arte que está más allá tanto del principio de la vida como del principio de la forma, en el sentido habitual de éstos, y es que se ligan con la sustancia indiferenciada. Pero es por completo permitido ordenar el peso, con esta significación, entre los momentos formales. Pues el peso alcanza significación estética por aproximación, por la relación que refiere las partes particulares, por el juego entre lo que pesa y lo que soporta; finalmente, el peso es una cualidad de la materia que está vinculada del modo más inmediato con la más universal de ellas, con la de su extensión. Desde el punto de vista artístico está junto al color, a la forma espacial, a las propiedades de la superficie, como elemento coordinado con ésta, como una determinación singular; pero, sin embargo, no puede ser afirmada como lo último, como lo que yace en absoluto, más allá de todo lo singular, de lo que podría ser expresado por la materia palpable de la obra de arte. La sustancialidad en general, el ser de la materia no entra en ninguna cualidad, en ninguna relación, en ninguna diferencia, en ninguna afirmación; pero está en la base de toda movilidad y peso, de toda formación y vitalidad. Dejo de lado aquí, puesto que sólo se trata de la explicación de hechos estéticos-sentimentales, la crítica de este concepto, que ejerce el físico y el teórico del conocimiento. Éstos pueden resolver la sustancia en relaciones y oscilaciones. Pero este análisis no capta la capa de la sustancia aquí pensada, que actúa con un sentimiento por completo específico. Toda plástica en el más amplio sentido se encamina a superar mediante la formación a este oscuro y sustancial momento de la existencia. Pues su contraste no es la forma sin sentido de la masa de yeso o del trozo no elaborado del mármol desde el que se desarrollará lo que tiene sentido, sino aquel elemento absolutamente ajeno a la forma, jamás intuitivo y que se supera en cada configuración. Si se comparan, por ejemplo, las esculturas de Olimpia con las del Partenón, se encontrará en las primeras, justamente porque se elevan sobre aquel fundamento originario, la sustancialidad no más descriptible de toda existencia; en ellas lo sustancial existe todavía de modo palpable y sólo en la superficie hay una forma cuya diferenciación y movilidad está separada, por una línea ideal, del núcleo de lo que propiamente y con unidad se adhiere al ser de la configuración. En las esculturas del Partenón, en cambio, ella está totalmente penetrada y conmovida por la formación; la secreta unidad de la sustancia en general es impalpable porque ha entrado de modo completo en una configuración especial cualquiera. Se podría comparar el arte de Olimpia con los filósofos presocráticos, el del Partenón con Platón. Las formas atenienses de la cultura en la época de su florecimiento, tanto las artísticas como las de pensamiento, son mucho más completas, configuradas, espiritualizadas y personalizadas que las otras, de tal modo que las últimas parecen levantarse inmediatamente del fondo de las cosas y estarles adheridas sin delimitación. Pero las obras atenienses flotan como suspendidas en la clara riqueza del espíritu; hasta en su núcleo más interior la vida entera ha llegado a ser forma.

El papel de esta sustancia se ha vuelto a modificar de un modo particular con la pesadez maciza de las obras del Giotto. En la casi desarticulada presencia compacta que de sentados ofrecen, por ejemplo, *Los monjes* de los cuadros florentinos o el arrodillado *Pretendiente orante* de Padua, toda la existencia corporal está representada por la vestidura desprovista de poros y de fluidez; lo decisivo en ellas no sólo es el peso sino una sustancialidad indescriptible, y un vigor del ser corporal en general. Pero no es palpable, como en las esculturas de Olimpia o en muchas del antiguo Egipto, por detrás de la superficie; a través de la forma de la que emerge, no hay nada suelto. Antes bien, correspondiendo a la esencia italiana, que siempre aspira a la superficie, todavía actúa, incluso en este indiferenciado, en esta mera existencia de la masa corporal, como forma. Se ha tratado de interpretar ese efecto diciendo que bajo la grave y simple superficie de la vestidura se siente el cuerpo viviente que la organiza interiormente. Pero yo no puedo sentirlo así. La dualidad de vestidura y cuerpo que, naturalmente existe en un sentido realista y lógico, ha sido propiamente superada por la visión artística, puesto que Giotto se aplicó a lo que es común a ambas, a lo meramente sustancial de la existencia palpable, de tal manera que esta existencia logró lo esencial de su visibilidad. De un modo efectivo ni puedo sentir algo por detrás de estas vestiduras ni son ellas, como en los artistas menores, vacíos trozos de guardarropa que permiten echar de menos al cuerpo que están exigiendo. Giotto se ha levantado por encima de esta alternativa porque sacó la sustancia de lo corporal en general de la oscuridad que le es propia y que está más allá de la forma y de la vida, y en él alcanzó inmediatamente la potencia y la visibilidad de sus configuraciones y por tanto las llevó a la forma.

La vida y la forma, los partidos metafísicos que se reparten entre sí la esencia de la estructura dada, aparecen juntos oponiéndose a aquel concepto o materia fundamental del ser que por cierto es apenas nombrable. Pues, como decía antes, la plástica entendida como pura voluntad de formación intuitiva logra superar esta indiferenciada sustancialidad y también la vida parece apuntar y significar la misma tendencia. Mientras que el oscuro ser sustancial reposa, sin más, en si, la vida en cada instante quiere superarse y trascenderse. En cuanto la vida penetra la sustancia la pone en un interior movimiento frente al cual el mecanismo sólo es una oscilación que deja intacta su íntima esencia. El hecho de que la vida continuamente levante la materia inorgánica hasta el proceso orgánico sólo es un lado, un fenómeno o un símbolo de la profunda dirección metafísica de la vida en general, en la que se resuelve el ser propio de su sustancia en sí o por sí. Es sumamente notable y significativo el hecho de que una de las conceptuaciones últimas de la existencia, el hecho de que sus grandes categorías, las que proporcionan sentido, la vida y la forma, están soportadas por una sustancia colocada antes de cualquier designación. Desemboca y a la vez se oculta en la vida y en la forma; pero sin embargo, puede ser sentida por detrás de ellas. La medida en que esto ocurre pertenece a los factores diferenciales y decisivos de la impresión del ser viviente y de la obra de arte. Ya ha sido visto de muchos modos como perteneciente a la esencia del organismo el hecho de que ningún ser viviente es por completo viviente, de que en cada uno hay algo oscuro, todavía no vencido y dominado totalmente por la movilidad vital, cualquiera que sea el nombre que se le dé. Pero si se habla de los grados de la vida, si pensamos ver en ciertos fenómenos una vitalidad más completa en sí (no sólo hacia afuera) y más fuerte que otra; si esta vida resuelta se presenta al mismo tiempo como una individualización decidida, todo esto significará un retroceso que corresponde a aquel algo indesignable que penetra gradualmente en la vida y que, como ésta, siempre se va ocultando pero jamás se oculta del todo; significa, pues, una constante igualdad, una unidad absoluta que, por tanto, es indiferente a la individualización.

Si la disolución de la materia acontecía en el gótico por el ascenso hasta lo difuso, el ocultamiento ocurría o por el traspaso de los elementos que soportan el peso y que lo hacen patente al exterior de la iglesia, o por el rompimiento de la piedra en los ornamentos que le permiten aparecer como encajes ingrávidos y no fijos. También puede ocurrir por la inclinación de los cuerpos que parecen negar su estructura general, o por la magnitud irreal de la cabeza, como portadora de la expresión, de la que con frecuencia todo el cuerpo pende como un pequeño atado inconsistente y mezquino. Siempre está, sin embargo, el mismo principio: la materia no debe ser. Pero no del modo como quería Platón, de que en vez de ella deba ser la forma, sino que debe ser el impulso, la elevación y la fuga del alma. Sin embargo... la vida no está en el sentido de lo gótico. Es demasiado poca la oscilación, la polaridad, la elevación y el hundimiento en ella. Su esencia está en una recta dirección del alma hacia lo trascendente, lo cual ha dejado su vida por detrás de sí o tan sólo es un portador en sí desprovisto de importancia. Justamente se muestra que el gótico en su forma típica más pura y auténtica, la francesa –su ulterior propagación alemana la cambió–, no tiene de ninguna manera un carácter tan antirracional como con frecuencia lo ha hecho creer su contraste con lo clásico y el romanismo italiano. En este arte lineal hay una aspiración a la claridad y al rigor matematizante que, por cierto, como tal, significa una lucha contra lo tridimensional de la materia, hay una mística propiamente racionalista. Al acentuar este arte –a diferencia de otros linealismos– la delgadez y el infinito alargamiento de las líneas, la representación medieval del alma alcanzó un certero símbolo; pero, con el verticalismo y la unidimensionalidad a la cual aspiraba este estilo, la vida con su desplegarse, con su multiplicidad en la unidad y sus incalculables irradiaciones no estaba contenida en él. Los cuadros religiosos de Rembrandt en los que la devoción se muestra como un modo de vivir sobre el alma –con toda la riqueza, abigarramiento e incluso casualidades que son propias de su forma de vida– están en completa oposición con el más íntimo principio del gótico puro. Con ello se presenta todavía un cuarto elemento. Más allá de la forma y de la vida estaba la sustancia –ahora más allá y en contraste con la sustancia está el alma; pero no su vida sino su determinación trascendente que es, por decirlo así, la sustancia de ella. La vida y el alma no se cubren sino que sólo se cortan; cada una es algo más que la sección en la que ellas coinciden. Esta alma no es individual. El alma gótica, por el hecho de que para ella lo esencial es lo trascendente, no tiene unicidad alguna; lo individual sólo es la vida. Únicamente en la forma de la vida el alma es individual, así como (en un grado más bajo) la sustancia sólo es en la forma de la forma.

No persigo aquí la estructura del concepto en el que dividimos la imagen del mundo, más allá del punto en el que la polaridad de forma y vida se someten a la unidad uniforme de la sustancia. La física y la metafísica también pueden resolver este concepto en relaciones; pero antes de que la reducción penetre tanto, llega a un lugar en el que el sentimiento de la vida y del arte, en su diversidad, sólo se puede interpretar desde la potencia diferenciada de la sustancia de todo lo viviente y configurado.

Capítulo II
La individualización y lo universal

Lo típico y la representación

La relación ya expuesta entre vida y forma aclara por qué los retratos del Renacimiento actúan siempre de un modo típico, mientras que los de Rembrandt impresionan siempre de una manera única e individual. Las normas según las cuales los elementos del fenómeno puramente como tales se han configurado hasta alcanzar un *optimum* de intuitividad artística son inevitablemente universales; en cierto modo, son análogas a las leyes de la naturaleza, que determinan a los fenómenos diversamente individualizados según una conducta uniforme, en la medida en que ésta, con todas sus diversidades, le ofrece a la ley la misma condición de aplicabilidad. Así, en lo tocante al sentimiento griego de la forma, tanto en la poesía como en el arte plástico, es significativo el hecho de que en el temprano helenismo hayan nacido una multitud de nuevas formas métricas que muy rápidamente dieron lugar al dominio del exámetro y del dístico. Sin embargo, acopiar formas, que como lo universal ofrezcan contenidos y coloraciones sentimentales muy diversas, es para el griego algo más simpático que construir en torno de las materias diversas formas individuales o inevitablemente nuevas cada vez. En el clásico los elementos se configuran como si debiesen producir una impresión favorable a un contemplador típico en relación con lo característico, a la belleza y a la claridad. Este "como si" denota que su contenido no exige intuición alguna, consciente o esencialmente abstracta, del artista. También aquí se revela un rasgo muy universal de los pueblos mediterráneos: el de dirigir su conducta al presente de un contemplador. Todavía hoy aparece esta característica diferencia cuando en Alemania y en Italia se oye cantar a un obrero que camina solo y no se cree observado. El alemán no sólo canta "por sí" sino impulsado por una voz interior, alegre, sentimental o sólo movida, que se quiere exponer en voz alta, simplemente porque a él –expresado algo crasamente– no le importa mucho la manera como suena. El italiano, en cambio, también en esos instantes, canta como para un público y como si estuviese sobre el estrado. En el barroco italiano, éste, como muchos otros rasgos profundos y vitalmente anímicos, alcanzó una expresión exterior y exagerada y al mismo tiempo racionalizante: considérese, por ejemplo, el lamento de los teóricos del arte sobre la propagación popular del retrato, puesto que la tarea de éste era ejercer sobre el contemplador un influjo ennoblecedor mediante la representación artística de personalidades particularmente distinguidas. La amplitud entera de los fenómenos estilísticos está coloreada por este rasgo fundamental. Mírese un armario italiano o un arcón del Renacimiento al lado de los muebles gótico-alemanes. Allí está ante nosotros y en pequeño el frente de un palacio; domina el gusto del pueblo que en gran parte vive al aire libre y que traslada su representación dirigida hacia la superficialidad, a las formas de la interioridad.[1]

Las formas de un armario gótico, en cambio, no admiten ningún engrandecimiento que vaya más allá de la medida de la habitación –fuera quizá de los redientes separados de lo propiamente estructural–; ellas se sustraen por completo a lo que se podría llamar el efecto público y a lo que no sólo tiene una significación numérica sino también cualitativa y que corresponde a la tectónica del Renacimiento en sus obras más pequeñas. Lo que habla –llevado a lo pequeño y desde el concepto– de la "sentimentalidad", que los romanos, como se sabe, no poseen lingüísticamente, es esta dirección que va a la intimidad personal, a la oposición más extrema, a lo que ha de ser visto y a la representación –de donde esta última es innegablemente, en el mejor de los casos, el lado externo de una determinada especie de grandeza y amplitud heroica que no se acomoda tan fácilmente con aquélla. De este rasgo procede una cierta carencia en los pueblos germánicos de aquellos valores de la sensibilidad estética con los que se han cultivado los románticos.

También para el arte griego semejante circunstancia me parece ser significativa frente al principio germánico (aunque fuera de Rembrandt no se lo haya expresado en su pureza y enteramente). El hombre de la estatua griega tiene el orgullo de su belleza y la conciencia de representar esta belleza al contemplador. Tan pronto como los fenómenos superficiales en los que la vida, como su resultado, ofrece hacia afuera, el material llega a

[1] El hecho de que la fachada de los edificios profanos se desarrollara en la arquitectura relativamente tarde, en todo caso desde la época cristiana y con la plena supremacía sobre el palacio tan sólo en el barroco, es la consecuencia de motivos accesorios, que en lo esencial debieron ser de naturaleza práctica.

ser independiente de la formación artística y la dirección del interés se decide por el contemplador.

Este contemplador ideal es un momento decisivo de todo el estilo clásico. Compárese, por ejemplo, un sepulcro italiano con uno de Rembrandt. En el último todo fenómeno es por completo individual[1] y no se lo podría designar por ninguna ley normal que estuviese al mismo tiempo por encima de todo. Su unidad, empero, yace en el hecho de que cada uno se agota total y absolutamente en el acto y en la sensación que le corresponde; ninguno quiere existir, con su apariencia por completo incomparable, como algo que es por sí mismo. En los italianos, en cambio, cada uno comparte con el otro el tipo formal; pero su esencia particular es que cada uno debe ser bello por sí. El acto de perderse en la escena, como en un sentimiento que trasciende al mero ser, encuentra sus límites en el valor estético peculiar y en la acentuación del individuo, que, por decirlo así, jamás está olvidado y que idealmente siempre está separado y ordenado al que siente. Todo participante, por ejemplo, en el *Sepulcro* de Rafael, no sólo está tomando parte de un suceso sino que desde sí mismo está existiendo para el contemplador, y al mismo tiempo se lo enfrenta como a alguien cuya contemplación se debe también recompensar y esa aprobación exige que se detenga sobre sí mismo: el oponerse y el ser por sí coinciden. Pero el hombre de Rembrandt nunca piensa en el contemplador y, justamente por eso, tampoco en sí mismo. La proporción de autoafirmación y de autoobligación, que de algún modo determina toda existencia humana está en él entre la individualidad atípica y el abandono al acontecer y a sus reacciones interiores, mientras que en la obra italiana aquel elemento está en la formación de igual estilo y en lo universalmente legal –lo que presupone el contemplador– y en el orgulloso acto de atenerse representativamente a sí mismo y de reducirse a sí mismo, propio del individuo. La última configuración de aquella proporción fundamental está, en verdad, equipada por cierta dignidad y nobleza que parte del hombre de Rembrandt. Pero no como si mostrase lo opuesto a estas cualidades en algún sentido positivo; en general, no están tocadas por la polaridad de nobleza y falta de nobleza. Pues éstas, tal como se problematizan en las figuras del Renacimiento, dependen en absoluto del presente real o ideal de una oposición; o mejor, la nobleza, no obstante depender de una conducta personal, existe en una mezcla peculiar de reserva y representación frente al orgulloso acto de des-

[1] En otro lugar se hablará del sentido limitado de la individualización de sus cuadros religiosos en relación con el retrato.

tacarse y al mismo tiempo de aquella exigencia de tener que ser visto y reconocido por lo que el individuo es.

Una significación totalmente diferente tienen los rasgos señalados en el retrato de Frans Hals; es decir, lo representado artísticamente no está en general en relación con un tercero no representado. Pues este tercero está en el espacio ideal del cuadro mismo, por lo cual la aptitud particular de Hals para los retratos de grupos ha sido puesta en relación –con este rasgo, ya que se habría hecho visible el correlato de otro modo invisible– con el individuo. El contemplador ideal en el arte clásico-románico no es el individuo que existe de modo viviente (pues adentrar en éste, lo que siempre significa una especie de coquetería con él, es uno de los efectos más groseros e inartísticos) sino que está en una capa propiamente trascendental: ni, como en Hals, es un individuo dentro de la obra de arte, ni tampoco, como los últimos casos, es un individuo que está fuera de la obra de arte: es algo sin más universal, vinculado con aquella "idea" de lo representado y que son configuraciones singulares tanto de su realidad empírica como de su representación artística.

Quizá aquella concepción característicamente clásica del hombre esté vinculada con el sentimiento de que lo semejante sólo es conocido por lo semejante. Pues así será posible que lo individual, llevado a algo universalmente humano, tenga eficacia para el contemplador, ya que se han proporcionado los medios de la comprensión. Cuando el contemplador ideal es un factor determinante, lo individual retrocede ante la universalización tal como si hubiese algo universalmente humano en el que, por decirlo así, dominara un libre tránsito, es decir en el que los dominios singularmente particulares –por ejemplo el tipo de contemplador y de objeto– se comprendan sin más recíprocamente; mientras que esto dejaría de ser, tan pronto como se cuestionaran las capas puestas por debajo de este estrato, y en lo que lo individual yace. En aquella representación del conocimiento de lo semejante por lo semejante se encuentra un rasgo fundamental de la concepción griega del mundo: un aristocratismo, al que corresponde su interior paridad en la cerrada nobleza del círculo; un sentimiento metafísico monista fundamental; y una actitud con respecto a la intuitividad sensible e ingenua para la cual las relaciones de las cosas tienen que estar soportadas por una igualdad exterior. Si con esto está arraigado hasta lo más profundo en el griego aquel principio, se comprenderá su aspiración constante hacia lo típico, hacia la elaboración conceptual y artística de lo universal; sobre la base de éste el sujeto alcanzaba la correspondencia con otros sujetos u objetos. También aquí se debe reflexionar sobre el fácil traspaso del acento de este rasgo a los pueblos mediterráneos. El que se quiere presentar a otro, con su acción o con su ser, ya sea en forma más aguda o más crónica, cae fácilmente en una conducta conforme al tipo. Pues quiere representar algo, aunque sin acentuación especial de la vanidad, y este algo no es de antemano la mera individualidad limitada rigurosamente en sí misma, sino que va más allá de ella; es, en virtud de ser algo traspersonal, conceptualmente tan expresable como jamás lo es la pura personalidad. En todas partes se ha de advertir que el hombre cuando se quiere presentar frente a otros traspasa el punto de la personalidad en que sólo es para sí mismo; que él, como portador de una producción, se da como representante de una idea o de algo en cierto modo universal. Se engalana (lo que en modo alguno ha de ser tomado peyorativamente sino sólo como expresión de una particular actitud vital) con un círculo más amplio y que rodea aquel punto de la personalidad que justamente significa *eo ipso* algo universal, aunque el contenido de su intención sea exclusivamente el yo. Lo significativo éticamente de esta modalidad griega de la intuición es que cuando el hombre representa, en sentido conceptual o psicológico, algo que está fuera de su situación: la belleza y dignidad, la fuerza y la peculiaridad de su círculo, no se le quita por eso la libertad y la responsabilidad. Todo eso se refleja, trasladado a lo metafísico, en el idealismo de Platón. Las cosas particulares representan algo universal; no son simplemente ellas mismas; así como el hombre en la plástica griega sabe que es visto y que por eso ha de representar algo, así también lo hace en las cosas particulares que toman su íntegra significación de la idea que justamente están representando. El aliento de representación escénica, que se puede sentir en el griego y que determinó la forma dialogada de los escritos platónicos, coincide con esta estructura. Entre el presentarse a otro y la acción de tornar típica a la propia imagen, existe una profunda conexión que conceptualmente fue trasladada a las configuraciones ideales del hombre y cuyo dominio en lo clásico ha conducido a la afirmación de que el retratista debe elevar o estilizar su modelo hasta que llegue a ser un tipo –una afirmación que conserva su derecho en las directivas de la vida grecorromana, como siendo sin más universal y necesario artísticamente desde el punto de vista objetivo; pero es una errónea unilateralidad. Rembrandt –que por lo menos, según la medida, fue el primero– ha sustraído lo individual, considerado como forma artística, a la contingencia; le ha dado lo que con la expresión quizá no absolutamente clara se podría llamar necesidad sin habérsela comprado, mediante la universalización, a un tipo. La solidaridad de necesidad y universalidad enseñada por Kant puede ser válida para las afirmaciones teoréticas; pero él mismo la trasladó, de un modo por completo problemático, a lo ético. Pues la validez universalmente afirmada de una máxima, necesaria desde el punto de vista moral para todos los sujetos en general, se opone –como ya lo hemos considerado antes– a las acciones éticamente necesarias, que fluyen de la unicidad esencial del individuo y que, entendidas como leyes universales, no serían nada. Pero el traslado de aquella correlación al dominio de lo artístico es todavía más unilateral. Rembrandt ha aclarado el hecho de que a partir de la vida más íntima de una persona se puede desarrollar su apariencia hasta alcanzar una forma convincentemente necesaria, y que esta evolución nada toma prestado de una legalidad universal. Antes bien está tan absolutamente unida con la individualidad que su repetición en otra sería posible de un modo casual; pero considerada como esencialmente universal sería una palabra sin sentido.

Dos concepciones de la vida

Si para la comprensión de una personalidad Rembrandt ha proporcionado otro fin y camino que no son el del tipo, en esta diferencia se reflejará la enorme distancia que existe entre los modos según los cuales conocemos al hombre. Uno lo somete a conceptos psicológicos universales: es inteligente o torpe; amplio o mezquino, bondadoso o maligno, etc. Con una depuración creciente es éste el camino científico-psicológico. Pero, rigurosamente considerado, mi conocimiento del alma no se amplía. Ya tengo que conocer todas estas condiciones citadas. Y lo que yo experimento es sólo que se realiza también en este hombre en particular con tales o cuales combinaciones. No lo conozco desde él mismo o por él mismo, sino que mi conocimiento fluye de conceptos que aporto yo. Que este modo de conocer –fuera de ser significativo e indispensable– es sin embargo secundario, lo muestra la simple consideración de que únicamente puedo conocer partiendo de un saber del hombre inmediato y no susceptible de fijación conceptual. El primer estadio de este saber inmediato está logrado en el instante en que –brevemente expresado– el hombre entra en la habitación. En este primer instante no conocemos esto o aquello o alguna de sus categorías ya indicadas, pero conocemos infinitamente más que esto, lo conocemos a él mismo, a lo inconfundible de él. Lo corporalmente inconfundible, ligado con esta inmediata presencia es un símbolo y quizá más que un símbolo. Y existe una serie evolutiva continuada del conocimiento que se enlaza y permanece al lado de este primer instante y que sólo profundiza y aumenta a este saber primero y no analizable sin que se disminuya en alguna determinada parte. Sigue siendo algo en absoluto único; es el espejo de esta individualidad singular, y su profundización y ampliación no significan en modo alguno que también progresen las otras series del conocimiento, las que se refieren a las cualidades singularmente designadas. Lo que de aquí resulta no es lo más indudable: el hombre es una individualidad que no está compuesta por la suma de sus cualidades nombrables; y el conocimiento de esta individualidad exige, por decirlo así, un órgano especial que no coincide con el órgano para el conocimiento de las cualidades descriptibles. Este órgano ha estado asombrosamente desarrollado en Rembrandt. Sus retratos nos patentizan el modo según el cual conocemos lo que se nos representa de un hombre en el primer instante como inexpresable, es decir, como la unidad de su existencia. Pues sólo la totalidad del hombre que Rembrandt torna intuitiva, como siendo el curso total de su destino, es lo individual; todo lo que en él hay de singular, es ya algo universal. El retrato italiano se refería esencialmente a lo último. Concibiendo al hombre como un tipo o como una multiplicidad de universalidades lo enfrentaba al contemplar, o el contemplador se ponía frente a él, mientras que la aprehensión de la totalidad encierra en alta medida el acto de fundirse y de identificarse sentimentalmente. El instante de la contemplación oculta la actitud sujeto-objeto en la gran indiferencia de la intuición.

Aquí se encuentra lo que determina al estilo clásico en sentido eminente, es decir, como estilo en general. Pues el estilo significa una configuración universal que actúa proporcionadamente en un número cualquiera de apariencias diversas; es una unidad del sentimiento vital que absorbe a todas estas diversidades al someterlas a aquella configuración. Configurando los fenómenos, bajo la categoría primaria de su contemplación, el arte clásico logra en el contemplador ideal un *terminus ad quem,* cuya supraindividualidad y tipismo hace desembocar a las más diversas apariencias en la igualdad de un principio formal. Por eso, prescindiendo de la modalidad del estilo, el arte clásico se opone al germánico como siendo un arte "estilizado". Mediante estas conexiones se desarrolla –a partir del principio clásico de la forma pura, es decir, de la inmanente legalidad de los elementos de la superficie, del estado vital que ha dejado al devenir por detrás de sí– el carácter de lo típico, de lo general, que caracteriza al retrato del Renacimiento (prescindiendo de una limitación que se ha de tratar posteriormente). Es preciso añadir todavía que la forma, como tal, tiene en general una esencia supraindividual. Así como el concepto universal se comporta con respecto a lo singular que está por debajo de él, la forma se relaciona con la multiplicidad de las existencias materiales que al entrar con todas sus diversidades en ella las configura en igualdad. Siempre que el principio de la forma es el conductor, su camino lleva más allá de lo individual. Este principio es consecuente hasta el punto que los teóricos de la arquitectura del Renacimiento superior consideraron que la belleza arquitectónica se tiene que poder construir, una vez por todas, a partir de las relaciones de medida válida para las masas materiales. Pero esta forma, sin más universal y desarrollada a partir del puro material, se opone interiormente al principio de la vida.

Por eso, cuando el principio conductor es el de la vida, se sigue el camino inverso, hacia la individualidad. Mientras que la forma como tal se adhiere a la abstracción y a la universalización, la vida se vincula con la configuración individual. Naturalmente, también se puede formar un concepto universal de la vida o de lo viviente; pero en un sentido y medida diferentes el individuo tiene su vida y su forma por sí mismo. La forma no está soldada a la realidad, tiene una validez ideal de la que cualquier realidad puede participar; la vida, en cambio, es sólo real y tiene, por eso, en cada una de sus series aquella individualidad que posee todo trozo de la realidad por ser realidad. No tiene sentido afirmar que la misma existencia deba ser dos veces, mientras que la misma forma puede estar en dos o en muchas existencias. Si sólo puede ser entendido el fenómeno humano partiendo del proceso vital –en lugar de partir de la lógica racional o intuitiva del complejo cerrado de la apariencia–, lo mismo acontecerá si se parte de la absoluta instantaneidad e individualidad de la existencia. Esta existencia en particular puede compartir su forma (o lo que desde este punto de vista es lo mismo, su contenido) con innumerables otras; en su corriente vital puede y tiene que haber recibido lo que otras le ofrecen como contenidos del mundo –aunque todas estén comprendidas en ella es, sin embargo, una la que se extiende, en su temporalidad, desde un punto irreemplazable de la existencia hasta otro igualmente irreemplazable. Su forma y su contenido pueden, como se dijo, ser comparables; pero su proceso está más allá de la alternativa de comparabilidad e incomparabilidad, pues tiene la individualidad del puro devenir que no se puede expresar por las cualidades que son o devienen. El sentido de la individualidad en los cuadros de Rembrandt es el proceso de la vida misma tornado intuitivo y no la diferencia o especificación cualitativa y señalable en los contenidos singulares, pues semejante individualidad es por completo relativa y contingente. Si una existencia en uno o en todos los estadios fuese vista rigurosamente como otra, todos sus presupuestos, derivaciones y préstamos serían, en cuanto proceso vital y realidad del devenir, una sola y única corriente. La individualidad individualmente sentida de un determinado aspecto resultante del fenómeno superficial de una vida sólo es el sinónimo o el símbolo del hecho de que su devenir está investido en él, de que el proceso de la vida, como tal, es un acontecer lineal irreversible que en sí mismo es existente y que únicamente puede ser intuido en lo dado.

Nota sobre la individualidad de la forma y el panteísmo

Es cierto que el Renacimiento ha pensado panteísticamente; sin embargo ese modo de pensar no se adaptaba por entero a la autosuficiencia y a la validez propia y soberana de las formas. Pues mientras que la forma, en relación con la realidad empírica, es supra-individual, en relación con la totalidad indiferenciada del ser, es algo individual. Al excluirse de ella la continuidad y la movilidad, cada forma difiere de otra del modo más preciso y riguroso. El panteísmo de los estoicos había traspasado esta contradicción porque todavía actuaba en él la actitud mística hilozoísta, según la cual cada parte existente que llamamos (aunque con cierto arbitrio subjetivo) "una cosa", está animada. Al presuponer los estoicos un alma divina del mundo, como fuerza fundamental de toda existencia, diluyeron la oposición entre el carácter individual del fenómeno singular y la animación completa del todo, entre la suma de las partes singulares animadas y la unidad del alma del mundo, como si la *volonté de tous* coincidiese con la *volonté générale* –para emplear expresiones de Rousseau. Cada trozo del universo les parecía como animado por sí mismo, como orgánico y valioso, precisamente porque la fuerza interna del alma del mundo determinaba su forma.

Quizá en el Renacimiento fue compatible el panteísmo con la entronización de la forma, porque la divinidad panteísta no estaba sentida en su pleno contraste con el Dios cristiano. Dios, que es Persona, que por tanto tiene en sí mismo algo propio de la forma y de la individualidad, es compatible con la unicidad de las formas del mundo. Se lo puede pensar todo lo poderoso y único que se quiera; pero Él es quien tiene el mundo y no el mundo a Él. Sólo cuando Dios se agota totalmente en el mundo o este en Él, su unidad será de antemano la del mundo y no permitirá en absoluto separación alguna de sus elementos ni ese ser para sí que manifiestan los trozos singulares de la realidad, precisamente por su forma –aun cuando sus materias sean pensadas como ligadas entre ellas de un modo continuo.

Me parece que Giordano Bruno, que vale categóricamente como el filósofo del Renacimiento, expresó en este punto el sentimiento fundamental del barroco: la disolución de la forma, cuyo sentido está en la particularización, en una conexión general; sólo ésta es única y absoluta y dentro de ella cada elemento conserva su significación en relación con los otros. Para Bruno todos los fenómenos, que se constituyen con formas fijas, se traspasan, sin embargo, los unos a los otros; pero la fantasía puede estructurar el todo partiendo de cada uno de ellos. Incluso lo que conceptualmente es opuesto, por ejemplo, lo bello y lo feo, se toca, ya que cada uno tiene un *minimum* que coincide con el *minimum* del otro. El fundamento de la fantasía, cuando al desatender toda regla predeterminada pasa por encima de una configuración individual cualquiera a otra, es su afinidad interior, es la identidad de esencia que arraiga en la unidad divina. Por consiguiente el panteísmo se ha tornado evolución, la cual no niega de antemano la existencia y el sentido de las formas separadas de las cosas –como en grado supremo ocurrió con Spinoza–, aunque las formas se suavicen, se mezclen unas con otras y se quiebre su derecho especial. Sólo se reconocen las cosas en relación y dentro de la unidad central que sustenta el edificio y abraza el contorno del todo. Frente a la ingenuidad con que el estoicismo permitía a la totalidad divina que animase por dentro a la forma individual, frente al rigor formal del Renacimiento superior –cuyo panteísmo era compatible con él porque operaba con la representación teística e individualizadora de Dios–, Bruno alcanzó el grado correspondiente al barroco.

En Rembrandt no se trata de una vida general que disuelve las formas y es exterior a ellas, sino de la vida puramente individual. Las formas no desaparecen en la unidad de la vida cósmica, como lo singular en lo universal, sino que la vida singular deshace desde dentro a la forma. La vida es ahora lo universal y como tal desaparece (al contrario de lo que ocurría antes) en la individualidad.

La muerte

La expresión de la correspondencia entre el principio de la vida y la individualística y su común oposición a la manera clásica de la atemporalidad incluye todavía otro elemento, cuya relación con todos estos motivos es altamente significativa aunque difícil de captar con palabras: la muerte. Hablé antes de la vida de la personalidad, que transcurre en el tiempo, y dije que Rembrandt la hizo palpable en el cuño fatal de sus rasgos –mágicamente pasaba de la sucesión a la instantaneidad de su presencia– y que entre sus retratos de jóvenes, que proporcionan escasa materia para ello, sólo algunos cuadros de Tito contenían y desplegaban el curso de la vida en la inversión del tiempo, es decir, hacia adelante. Sin embargo un punto del futuro, que hace en general de la vida una totalidad, justamente al interrumpirla, reside en todos los más profundos retratos de Rembrandt: la muerte. De antemano se tendrá que conceder a lo que diga ahora su plena indemostrabilidad. No sólo en el sentido de una hipótesis que jamás se pudiese comprobar de modo indudable, sino que en principio no es capaz de ello. Interpretaciones como ésta pertenecen por completo a otro estrato en que el éxito no reside en la demostrabilidad sino en el consentimiento inmediato. Y ese consentimiento tiene que ingresar, por cierto, en la interpretación de una obra de arte ya que una multitud de impresiones separadas de ella –en virtud del nuevo concepto acuñado– se sienten como armónicas entre sí y como correspondiéndose de modo unitario. Es natural que cuando tal cosa acontece sólo pueda ser fijada como un hecho pero no deducida con coerción lógica desde aquel concepto. Con tales reservas, me parece que el momento de la muerte, que está contenido en todo lo que vive, ha sido palpable en la imagen del hombre, tal como fue concebido por Rembrandt, y de un modo más enérgico y dominante que en cualquier otra parte, en la pintura. Creo que existía en él una sensación determinada para la relación de la vida y la muerte –cuya expresión teorética estuvo ciertamente muy lejos de él– y que encerraba la más profunda visión del significado de la muerte. Estoy convencido de que semejante actitud dependía del hecho de haber suprimido la representación de las Parcas, es decir, la representación de que en un momento determinado del tiempo se cortara el hilo de la vida que hasta entonces se alargaba como vida y exclusivamente como vida; como si la vida estuviera destinada a tropezar, en algún punto de su trayectoria, con la muerte, y se pusiera en contacto con ella únicamente en ese instante. En lugar de semejante representación, me parece indudable que la muerte reside de antemano en la vida. Claro está que su visibilidad macroscópica, por decirlo así, y su dominio individual, sólo serán alcanzados en aquel instante único. Pero la vida desde su nacimiento y en cada uno de sus momentos y secciones sería diferente si no muriese. La muerte no está con respecto a la vida como una posibilidad que alguna vez llegará a ser realidad, sino que nuestra vida, en lo que la conocemos, se configura en general porque nosotros, al crecer o al marchitarnos, en la altura luminosa de la vida o en la sombra de sus hondonadas, somos siempre seres que morimos. Es cierto que únicamente morimos en el futuro; pero, aunque así lo hagamos, no se trata de un mero destino externo. El llegar a morir no es simplemente una anticipación, una sombra ideal y adelantada de nuestra última hora. Aunque en el lenguaje debamos designarla como algo futuro, es decir, como no real –porque sólo en esa hora es importante para nuestra praxis–, es una realidad constante en todo presente: es la coloración y la configuración de la vida, sin la cual la vida que nosotros tenemos se convertiría en algo impensable. La muerte es una cualidad de la existencia orgánica y por ser una cualidad desde siempre compartida, una función de la semilla, la expresaríamos diciendo que es lo que alguna vez producirá un fruto.

Me parece que este modo de sentir la muerte es el que corresponde a la concepción del hombre en Rembrandt, sobre todo en aquellos momentos en que la exhumó de las profundidades últimas. Pero no se trata de un sentido acentuado elegíaca o patéticamente. Pues ello ocurre justamente cuando la muerte se nos presenta como una violencia que amenaza desde fuera a la vida, como un destino que nos aguarda en algún lugar del camino de nuestra vida y que, si bien es inevitable según el hecho, no sería necesaria según la idea de la vida y hasta le sería contradictoria. Si la muerte está representada como un poder desligado de la vida y por encima de la vida misma, llega a ser algo espantoso y deplorable contra lo cual uno se revelará heroicamente o se someterá líricamente o bien no se tendrá, en lo interior, nada que ver con ella. Tal es lo que siempre han expuesto las "danzas macabras"; lo externo de esta concepción de la muerte, en sentido psicológico, está simbolizado con acierto en el hecho de que la muerte es visible como un ser que está espacialmente fuera de su víctima.

Otra cosa ocurre cuando la muerte es sentida con la vida y en la vida, como un elemento de ella misma. Ya no estamos amenazados por ella como por un enemigo –o quizá como por un amigo– que se nos aproxima desde lejos, sino que la muerte es, de antemano, un *character indelebilis* de la vida. Por eso no estamos acechados por ella; desde nuestro primer día está en nosotros, no como una posibilidad abstracta que se llegara a realizar alguna vez, sino como la simple y concreta consistencia de nuestra vida, aunque su forma y en cierto modo su medida sea muy cambiante y aunque únicamente en el instante último no permita engaño alguno. No caemos en la muerte; sólo podría ocurrir semejante cosa cuando el elemento funcional e inmanente de la muerte se hipostasía en algo sustancial y en una configuración especial y autónoma. Al contrario: nuestra vida y sus fenómenos todos, sería de antemano muy otra si no estuviera dominada por lo que según su *definitivum* llamamos muerte.

Ahora adquiere valor una de las más profundas relaciones típicas de nuestra imagen del mundo. Muchas de las determinaciones esenciales de nuestra existencia se ordenan en pares opuestos, de tal modo que un concepto encuentra sentido en correlación con el otro: lo bueno y lo malo, lo masculino y lo femenino, el mérito y la culpa, el progreso y el estancamiento, e innumerables otros. La relatividad del uno encuentra límite y forma en la del otro. Con frecuencia estas dos relatividades son abarcadas por el sentido absoluto que adquiere alguna de ellas. Lo bueno y lo malo, en el sentido relativo de ambos, se excluyen recíprocamente; pero la existencia, en un sentido absoluto y divino, es, sin más, buena, y este bien implica en sí tanto a lo bueno como a lo malo en sentido relativo. El progreso y el estancamiento espiritual se combaten entre sí de modo irreconciliable; pero quizá el proceso universal del espíritu sea un progreso absoluto en el que está lo que empíricamente designamos así, como algo relativo, y lo que llamamos estancamiento se le subordina también como un *modus* del progreso. Y quizá también la vida y la muerte, que parecen excluirse entre sí lógica y físicamente, sólo sean opuestos relativos comprendidos por la vida en su sentido absoluto, por el cual sería el cimiento y la trascendencia del recíproco limitarse y condicionarse de la vida y la muerte.

La inmanencia de la muerte en la vida se puede expresar metafísicamente así o de otro modo: el hecho fundamental mismo me parece que ha sido mostrado en los retratos más profundos de Rembrandt. Para concebir lo afirmado y la peculiaridad de su arte, que reside en esta circunstancia, es menester una más amplia visión de su relación con lo clásico.

Pudimos decir, al referirnos a la impresión harto universal del arte clásico y del de Rembrandt, que aquél se encaminaba a las formas en cierto modo abstractas que la vida deposita y fija en su superficie, mientras que éste se atiene a la vida en su inmediatez. El arte griego no quiere apartarse de la vida o independizarse de ella como ocurría quizá con el arte hierático de Egipto y el arte antiguo del Asia oriental. Pero lo que su vista alcanzaba no era sin embargo la seriación e individualidad que fluye en el tiempo, sino la estructura, por lo menos en apariencia, sustraída a este flujo y en la que la vida se expresa, por haberse tornado fija, hacia afuera. Por eso busca la legalidad con la que concuerdan los elementos del fenómeno y que, y precisamente por ser legalidad, está sustraída a todo tiempo y a toda individualidad. No se parte pues, como en Rembrandt, de la vitalidad interior, invisible y, si se quiere, informe, que la alimenta, realza, o sumerge en cada instante. En el arte clásico la configuración singular –a partir de la legalidad universal de la forma– domina su significación y de aquí procede el elemento ya aludido de lo representativo, de lo teatral, que es propio, en cierta medida, del arte griego y quizá también de la vida griega: el individuo no es simplemente él mismo, sino que representa algo universal; y como el papel es ideal, lo que le proporciona al actor singular el sentido y el contenido de su existencia es lo universal.

Representar lo supra-individual y agotar con ello el valor de la individualidad es lo que le otorga al fenómeno griego su dignidad y orgullo, pero también su imposibilidad de prescindir de un ser visto y reconocido por otro. Y de aquí resulta que el principio universal se enlaza con aquella dirección a lo configurado hacia afuera y se vincula con ese fenómeno del arte de la vida en el cual su movilidad se cuaja en una estructura fija. Platón es quien abstractamente ha expresado esta circunstancia del modo más alto –como ya lo he dicho yo–, puesto que para él las cosas sólo son representantes de la Idea: por sí mismas no tienen significado alguno. Sólo lo logran cuando traducen lo universal en la forma de la realidad sensible. Para Platón la cosa singular es la actriz de la idea; representa el papel que le ha sido idealmente prescrito, tanto a ella como a innumerables otras individualidades, y en cuanto actriz sólo es algo por esta misión universal. La Idea puede ser representada por muchas cosas singulares, tal como un papel por muchos actores.

En esto, lo repito, se encuentra la profunda relación entre el apartamiento clásico de la pura individualidad y su acercamiento a la forma exterior, autosuficiente y de propia legitimidad, de la vida, que no acalla, sin embargo, su invisible corriente, captable desde dentro, al pasar a estructuras fijas. Pero Rembrandt ha infundido en sus retratos más perfectos el movimiento de la plenitud de la vida misma, que como tal fluye y al fluir desde dentro sobrepasa toda forma. Y sólo así, volviendo a nuestra interpretación de la muerte, alcanza ésta todo su sentido. Esos retratos contienen la vida en su más amplia significación, que incluye también a la muerte. Todo lo que es mera vida, de modo que aleja de sí a la muerte, es vida en un sentido estrecho; en cierto modo, es una abstracción. En muchos retratos italianos se tiene la impresión de que a estos hombres la muerte les llegará en la forma de una puñalada; en los de Rembrandt parece ser el constante desarrollo gradual de la totalidad fluente de la vida, tal como el río que al desembocar en el mar no está dominado por un elemento nuevo, sino que sigue un descenso natural y desde siempre existente. Los hombres de Rubens tienen aparentemente una vida mucho más plena, sin trabas y más elemental, que los de Rembrandt; pero a costa precisamente de exponer aquella abstracción de la vida, que se alcanza cuando de ella se ha omitido la muerte. En los hombres de Rembrandt está lo que apenas alborea, lo apagado, lo que interroga lo oscuro, lo que en su aparición más clara y que por sí sola dominará por fin alguna vez. Es lo que llamamos muerte. Por eso a una mirada superficial le parece que contienen muy poca vida; pero en realidad, y precisamente por eso, contienen la vida entera. Tal caracterización vale principalmente para sus retratos tardíos, pero no exclusivamente. Si se observa con atención su *Autorretrato con Saskia*, de Dresde, su alegría vital y sin sombras parece un poco artificial. Es como si por un momento hubiera llegado a la superficie de su ser, mientras que su profundidad crece con algo pesadamente inevitable que se extiende a lo lejos. Casi es espantosa la claridad de esta situación cuando se contempla de cerca la risa del *Autorretrato* de la colección Carstanjen (posterior a aquél en treinta y cuatro años).

Aquí la risa es inequívocamente algo momentáneo que se ha producido como una combinación contingente de elementos vitales, cada uno de los cuales, por sí mismos, tendrían un destino muy diferente. El todo parece estar atravesado por la muerte y orientado hacia ella. Y entre los dos existe sin embargo la más lúgubre semejanza: la risa sarcástica del anciano se muestra como un ulterior desarrollo de aquella alegría juvenil y como si el elemento de la muerte dentro de la vida, que se había recogido en este retrato en las capas más profundas e invisibles, hubiera avanzado ahora hasta la superficie.

Creo que sólo en las tragedias de Shakespeare la muerte tiene una significación que corresponde a la de la vida. En todos los demás dramaturgos se me ocurre que es el *Deus ex machina* que corta las implicaciones del alma y del destino cuando en sí mismas han alcanzado el estadio de la indisolubilidad. El hecho de que el héroe muera no es un acontecimiento necesario desde dentro y ya anticipado, sino que desde el punto de vista de los acontecimientos –que en y por sí se desarrollan por leyes puras de la vida– no quedaba otra solución, El héroe no trae aparejada consigo a la muerte, sino que tropieza con ella en un punto determinado del camino que había recorrido libremente. Los personajes trágicos de Shakespeare, en cambio, tienen a la muerte en su vida y en sus relaciones universales como si fuera una determinación *a priori* de ella. No es la consecuencia sino la inmanencia de su individualidad vital; la madurez de su destino es, al mismo tiempo, la madurez de su muerte –como si ambas fuesen la expresión de la misma cosa. Por eso cuando la muerte se introduce realmente, actúa de un modo simbólico: la espada envenenada de Laertes o el efecto demasiada duradero del soporífero de Julieta son medios exteriores y arbitrarios. Aparece clara, pues, la indiferencia acerca del modo como la muerte se realiza en un punto determinado del tiempo. Y por eso la muerte es verdaderamente trágica, pues sólo podemos llamar así a la que destruyendo la vida toma de ella sir embargo la propia ley y sentido; a la que domina la voluntad de vivir pero al mismo tiempo y con ella misma realiza su misión última y más secreta. Pero sólo los héroes realmente trágicos de Shakespeare mueren de esta muerte. Los personajes accesorios en todo caso perecen; pues sólo en los primeros la vida es tan grande y amplia que, como vida, puede incluir desde ya o todavía a la muerte.

El pensamiento muy general de la muerte tiene una notable relación con la representación artística del hombre. Puesto que el retrato no sólo puede vivir cien o mil años sino que su contenido, por ser artístico, le confiere intemporalidad, será palpable en él la tensión de que sea precisamente un ser perecedero el que se representa. En la movilidad de la vida que arrastra en su corriente al contemplador, se nos puede ocultar la muerte, que va creciendo con ella porque –queda provisionalmente saber si con derecho o no– vale como lo que es siempre igual y general. La conciencia habitual la excluye para atenerse a la importancia de su diferencia con la vida. Cuando la configuración pierde la movilidad inmediata que en cierto modo parece engañarnos sobre la muerte y desmentirla, se patentiza sin embargo en una experiencia rigurosa. Me parece que la diferencia más esencial entre la forma humana real y la imitada artísticamente es que en ésta, por hallarse en una esfera que trasciende a la de la vida fluyente, la muerte, por su contraste con esta esfera, es de algún modo perceptible, pues su antagonismo con lo intemporal es más fuerte que el de la vida. Creo que en el retrato –por cierto con claridades muy diversas– la muerte, lo efímero de nuestra vida, su destino perecedero, está de tal modo entrelazado con él que no se puede desatarla sin destruir el todo.

Pero dentro de este elemento universal se separan muy grandes diferencias. El arte clásico no se ocupó de elaborar la profunda y total oposición entre la temporalidad del ser mortal y la intemporalidad de su configuración artística. Antes bien –con la reserva de algunas excepciones significativas–, trató de sortearla y de simplificarla, elevando su objeto, con todas sus cualidades y significaciones, a la esfera de la intemporalidad. Pudo hacerlo porque lo convirtió en un tipo. Sólo el individuo muere, el tipo no. Al alejarse de aquél para representar a éste disminuyó la tirantez entre la forma artística como tal y su contenido contingente; por encima de los dos puso la idea de la intemporalidad. Redujo los objetos, como materiales artísticos, a aquella capa o significación en la que –como por sí misma y sin resistencia– entran en el estilo universal; los redujo a lo que de antemano y por sí mismo puede valer como intemporal, es decir, a sus tipos, a su ser abstracto y en general expresable, aunque no por conceptos. El objeto mismo, según lo que se veía de él y lo que de él se admitía en la creación artística, tenía que permanecer próximo al estilo que determinaba la creación. La intemporalidad artística se atenía al objeto, precisamente asimilable a ella, y a lo inmortal de la apariencia humana; pues el género o el tipo de cada uno es lo extraño a la muerte.

Nada prueba mejor lo dicho que el hecho de que existe también el signo inverso. Aquella patencia de la muerte en los grandes retratos de Rembrandt corresponde a la medida en que admiten como objeto de ellos a la individualidad absoluta de la persona; lo cual es interiormente comprensible. El tipo, decía, no muere; el individuo, en cambio, muere. Cuanto más individual es el hombre es, por consiguiente, tanto más mortal; pues lo singular es irreemplazable y su desaparición será tanto más definitiva cuanto más singular sea. Aquellos organismos en que el ser individual se propaga simplemente por su división en dos seres y desaparece así sin residuo son con seguridad el grado más bajo de la individualización. Y a ellos les es inaplicable el concepto de la muerte, porque su desaparición no deja cadáver alguno. La anegación absoluta en la propagación genérica, en la que el ser individual no se protege con su cadáver, niega la muerte. Por eso en los pueblos que excluyen la individualidad como principio peculiar del valor –sea por falta de desarrollo o por su cultura esencialmente social– encontramos también una gran indiferencia frente a la muerte. Quien limite su ser a la forma –o, si se quiere, quien lo haya extendido hasta ella– y, mediante ello, se unifique con su tipo, con el concepto universal de su especie, estará, en sentido profundo, en todo tiempo y por encima de todo tiempo. Pero el que sea único, de modo que su forma perezca con él, morirá, por decirlo así, definitivamente: en lo profundo de la individualidad como tal está sumergida la fatalidad de la muerte. Aparentemente Goethe la había sentido de otro modo, puesto que le concede inmortalidad al hombre en la medida de su significación. Pero veía una dirección que no es la que pertenece a nuestra perspectiva actual. Lo inquietaba la contradicción entre la magnitud de la fuerza que la personalidad significativa siente dentro de sí y la duración de la vida que no permite que esa fuerza se despliegue y alcance su fin. Por eso exige una existencia ulterior en la que pueda vivir y actuar acabadamente. Sólo habla de una actividad que tiene que seguir durando más allá de la existencia terrenal; pero no dice que se deba esperar la forma de la individualidad poseída en la tierra; incluso presupone –como una conjetura que no es muy rigurosa– una forma diferente de existencia.

Por encima de la más extrema relación entre la individualidad y la muerte se eleva una nueva problemática, tan pronto como la individualidad se hace objeto del arte, aunque dominen aquí la inmortalidad y la intemporalidad. Al arte clásico le está ahorrada la tirantez entre esos conceptos porque tiene por objeto el tipo que, por sí mismo, posee dichas cualidades: la intención artística y el objeto se muestran por tanto en una y la misma dirección. Pero en cualquier representación artística que apunte a la individualidad hay algo de cuestionable y, en cierto modo, de contradictorio (por más que el sentido de esta contradicción puede ser muy profundo). Así, todos los retratos muy individuales tienen más oscura o claramente un rasgo trágico; todas las precisas individualidades de Shakespeare son héroes trágicos, mientras que los personajes de sus comedias son tipos. Así también, el arte italiano, por elaborar tipos, muestra algo de sereno, mientras que el germánico, con su pasión individualística, algo de desgarrador. Su peculiar inacabamiento frente a la rotundidad del clásico, la aspiración del arte germánico por llegar a lo infinito –parece que ante cada solución finita y calmante estuviera impulsado hacia una lejanía más remota cada vez y hacia un objetivo que en determinado momento o quizá nunca se podrá lograr–, todo ello se limita con lo irreconciliable de la individualidad entrelazada con la muerte y el arte que, como puro arte, está por encima de ella. Pero la vida sólo es engendrada mediante la forma del individuo y por eso la oposición de vida y muerte alcanza en él la tensión máxima. El ser más individual muere del modo más fundamental. La más extremada persecución de la idea de individualidad que conozco en el arte lírico se construye justamente sobre la interpretación de la muerte. Para el arte a que me refiero, la muerte reside, como factor inseparable y determinante, en toda vida. Tal es la interpretación de Rainer María Rilke:

O Herr, gib jedem semen eignen Tod,
Das Sterben, das aus jenem Leben geht,
Darin er Liebe hatte, Sinn und Not [1].

Aunque con visión ideal, se niega aquí la universalidad de la muerte y se la sumerge en la vida misma. Pues mientras la muerte está fuera de la vida, mientras –para emplear el símbolo espacial con que se la indica– es un esqueleto que repentinamente nos penetra, será, como es natural, una y la misma para todo ser. Junto con su enfrentamiento a la vida perderá su igualdad constante y su universalidad. En la medida en que se torna individual, en que muere cada uno su propia muerte, no se desprenderá de la vida en cuanto vida y de su forma de realidad, es decir, la individualidad.

Cuando no se concibe a la muerte como un poderoso ser que aguarda desde fuera el momento propicio o como un destino que llega en un instante determinado, cuando en vez de ello se considera su indisoluble y profunda inmanencia a la vida, la muerte –que oscura y clandestinamente irrumpe en tantos retratos de Rembrandt– será tan sólo el símbolo de lo incondicionado que, en su arte, es el vínculo entre el principio de la vida y el de la individualidad.

[1] ¡Oh Señor! Otorga a cada uno su propia muerte,
El morir que brota de esa vida
En la que tuvo amor, significado y necesidad.

El carácter

Mediante una consideración rigurosa pero conceptual es sorprendente, en primer lugar, que con tal forma de individualización los rostros de Rembrandt muestren tan poco lo que se llama carácter del hombre, es decir, lo duradero de su eficacia y lo que de una vez para siempre le es dado al ser humano.

El curso de nuestra vida, tanto en su actividad como en su pasividad, nos parece estar determinado por la colaboración de este factor invariable de la cualidad de nuestro ser y de los sucesos periféricos o exteriormente cambiantes. La dirección del arte del retrato que culminó con Ticiano y que fue continuada por los bustos de Bernini y Houdon y retomada especialmente por Lenbach, trata de leer el carácter –este *a priori* subjetivo del curso vital– en la apariencia general y de hacerlo el objeto peculiar de la representación artística. Un historiador italiano del arte del siglo XVII elogia el hecho de que el artista significativo puede producir una cualidad característica del retratado, tal como Ticiano lo hizo con la facundia de Ariosto. Pero para Rembrandt este elemento fijo, permanente y hasta cierto punto intemporal de la personalidad se desarrolla dentro del flujo de su destino total. La multiplicidad de la vida, cuyo desenvolvimiento necesita la extensión íntegra de su propio tiempo, no se divide en partes fijas y relativamente contingentes de un mero destino más o menos exterior, sino que la vida, por más que se la pueda caracterizar como una sucesión de destinos, o cambios del alma o vivencias, se modifica en cada instante, pero en cada instante es también una unidad que por dentro no se divide en carácter e historia (como lo dijo Goethe: "la historia del hombre es su carácter"), y en cuanto es objeto del retratista se precipita en su apariencia como totalidad. Al no separarse más de sus destinos, el carácter, entendido como el centro íntimo del hombre, se sumergirá mucho más profundamente, hasta llegar al fondo de la vida. Ticiano prefiere dibujar la base caracterológica de la vida general, Rembrandt, su consecuencia. Entre ellos se hallan los destinos singulares mismos, que se sustraen, en su determinación de contenido, a la configuración pictórica. La finalidad de aquél es lo intemporal de la individualidad, que en esencia, aunque no según nuestra capacidad real, se puede describir con conceptos. Tal es lo que acontece con el arte del Renacimiento superior que comparado con el de Rembrandt tiene una cierta trama literaria, mientras que si tuviéramos que decir a alguien o simplemente aclararnos a nosotros mismos cuál es el carácter que posee la persona representada en los más grandes retratos de Rembrandt, quedaríamos perplejos.

Como ya lo he considerado en otra parte, desde este punto de vista, los *Staalmeesters (Los síndicos)* muestran una suave discordancia con respecto a los restantes retratos de su época tardía. Es como si Rembrandt hubiese querido producir con ellos una más rigurosa semejanza en el retrato que antes, y esto podría ser el fundamento de la impresión que producen, según la cual parecerían tener un carácter en cierto modo descriptible. Cuando se busca la semejanza desde fuera, en lo que hay un aliento de mecanicismo, no se ahonda quizá hasta la capa de la individualidad última, sino hasta la que es común y comparable con otras. O dicho brevemente: existe esa capacidad de expresión conceptual que corresponde al hombre concebido como carácter. Los temperamentos tradicionales no son otra cosa que el carácter fijado en una capa de generalización mucho más alta y que por eso mismo es descriptible con más claridad. Puesto que se da, de este modo, una estructura muy diferente a la de la vitalidad aprehendida desde dentro, es decir, a la que es propia de la unidad de la individualidad real, la consecuencia será que las figuras conformes a la última parecerán estar compuestas –para expresarme con la categoría del carácter– de caracteres muy diversos. De aquí que, en relación con los temperamentos, se haya podido decir de Hamlet que el melancólico príncipe se enoja coléricamente debido a su flema y estalla en sanguínea alegría ante el éxito del ardid. Es manifiesto que con rasgos de carácter así designados y exteriormente comparables jamás podríamos aproximarnos al individuo real como tal –es como si se pretendiera dibujar una curva con puras líneas rectas puestas unas al lado de las otras–, y es precisamente el individuo lo que Rembrandt y Shakespeare han configurado desde su supuesto más íntimo y único. El hecho de que lo que se llama carácter se componga de cualidades expresables y por tanto universales constituye un presupuesto, aunque negativo, de ciertas representaciones del místico y que sólo se pueden designar paradójicamente: lo individual es lo universal. Eckhardt enseña que no se debe amar a Dios porque es bueno, justo, poderoso, etc., pues todas éstas son cualidades singulares y determinadas que le quitan su unidad absoluta, su Ser-“nada”. Dicho de otro modo: debido al hecho de que Él posee estas cualidades universales, llega a ser algo particular y se individualiza. Y sólo se lo debe amar porque es. Está más allá de la oposición entera entre lo individual (es decir, lo que se puede expresar de un modo singular) y lo universal; tal correlación o alternativa no lo afecta y justamente por eso se muestra como correlación, como algo que en sí mismo se corresponde.

Por lo demás no es preciso estar demasiado prevenidos frente a la afirmación de que Rembrandt empleó modelos sin carácter para llevar a la intuición. Pues la falta de carácter sería, en el sentido aquí discutido, y muy general, un carácter por completo decisivo de la persona. Lo que ocurre es que ese elemento abstracto y substraído de la movilidad de la vida que llamamos carácter no fue separado de ella por Rembrandt ni tampoco acentuado de un modo particular. Es justo admitir sin embargo que semejante abstracción se refiere, en cierto modo, al fondo inalterable de la subjetividad, al elemento que mantiene su permanente eficacia a través del balanceo de toda la existencia. Pero me parece que la tarea de Rembrandt es más poderosa porque mostró en los fenómenos configurados por él la existencia total misma y el destino con la inseparabilidad de sus elementos variables e invariables; lo cual no se debe interpretar como el símbolo de lo eternamente semejante de la individualidad. Pero si quisiéramos hablar aquí de los elementos en su singularidad se intensificaría, por el inmenso aumento de esos elementos que determinan al fenómeno de un modo particular, la certeza de que en un segundo punto de la existencia ya no se encuentran los mismos y de que su individualidad se ha elevado.

Belleza y perfección

Quizá dependa de esta constelación el sentimiento que se apodera de uno –principalmente después de la larga influencia del arte clásico y románico– ante muchas de las figuras de Rembrandt. Es como si lo que llamamos belleza fuese sólo un añadido externo a la esencia del hombre y como si pendiera de su capa superficial. En lugar de desarrollarse desde la fuente más íntima del ser, unida a su vida misma, la belleza se presenta como un marco o un esquema en el que el hombre es introducido. Por cierto, existen otras concepciones de la belleza por las cuales se vincula profundamente con la vida y que siguen siendo justificadas. Pero sin embargo hay un hecho peculiar y es que, de todos los grandes valores mediante los cuales nuestro espíritu otorga significación a la existencia, sólo la belleza se realiza en lo no viviente. Únicamente lo animado puede engendrar valores éticos; sólo para el espíritu puede existir la verdad; solamente lo vivo puede engendrar la fuerza, en sentido profundo y valioso –a diferencia de la mera suma de energía del movimiento mecánico–; pero la belleza, en cambio, puede incidir sobre una piedra, sobre una caída de agua y su arco iris, sobre la forma y coloración de las nubes, sobre lo inorgánico y lo orgánico. Cuando lo específico de la vida busca, como en Rembrandt, su expresión inmediata, la belleza se ofrece como algo más amplio que la trasciende y la hace entrar en su estructura. Y si la belleza se concibe de un modo más profundo, es el símbolo de los valores últimos de la existencia, éticos, vitales, genéricos; pero siempre un símbolo, por más que de modo mediato apunte al fundamento más hondo de las cosas. Pero la esencia artística de Rembrandt se caracteriza por su renuncia a todo lo simbólico, por una captación inmediata de la vida. En tal inmediatez, con la que el hombre de Rembrandt puede sentir su vida, está lo que se podría llamar su realismo y lo que lo hace indiferente a lo específico de la belleza. Pues todo arte que se limita a tender a lo bello es chato o, si tiene profundidad, simbólico; es decir se aleja de esa inmediatez para conducirnos a valores y significaciones que se nos presentan con la forma del presentimiento o de la alegría, de la idea o del sentimiento. Puede ser que las figuras de Rembrandt, cuya significación e influjo se desarrollan desde la raíz de la vida, se abandonen a sus fuerzas impulsivas; pero nunca conducen a la belleza.

Sin embargo no es una casualidad histórica la circunstancia de que nuestro concepto de belleza –concediendo en general las muchas y arbitrarias excepciones– tuvo su resorte en el ideal clásico de forma, de aquel clasicismo cuyo sentido, en lugar de encaminarse a la corriente creadora de la vida se encaminó a las relaciones formales de su apariencia, a las que se depositan en lo exterior. Si los hombres de Rembrandt se miden con este ideal, muchos serán feos. El fundamento profundo de tal impresión es que la capa entera, que ha nacido como norma ideal de nuestro concepto convencional de la belleza, no ocupa lugar alguno en su intención plástica. No sólo se piensa aquí en la belleza de la forma humana, puesto que dentro de la obra de arte, para un punto de vista no crítico, representa un papel particularmente ambiguo. Cuando su papel es el popular y el no artístico, la belleza o la falta de belleza de la figura es simplemente igual a la belleza o a la falta de belleza del hombre viviente y real que la fantasía se representa como el modelo de la producida por el arte. El formalismo del mundo del arte, en cambio, prohíbe cualquier relación de la obra con una realidad situada fuera de su marco. El hombre dentro de él significa tan sólo lo que es visible en el lienzo, y su belleza o falta de belleza es por completo inmediata a las líneas y colores, con prescindencia de que representen un hombre o un ornamento. En la base de nuestra efectiva sensación de la obra de arte y su más íntima intención parece haber un tercer elemento. La representación real y activamente excitada de la estructura artística parece acumular aquellas dos unilateralidades en una especie previa y no susceptible de ser descrita con precisión. No vemos, si miramos artísticamente, al hombre que está más allá de la mancha de color que lo interpreta ni tampoco las manchas de color que están más allá del hombre que ellas interpretan, sino que lo que vemos es una nueva estructura cuya unidad comprueba la antigua aspiración de que el arte sea la anulación del contraste entre el pensamiento y la sensibilidad. Se realiza así el milagro de que una cantidad de manchas de color puestas unas al lado de las otras lleguen a tener una vida centralmente conexa, diferente a la que nos representamos con la categoría de la realidad. Si a través del retrato no vemos simplemente –como el ingenuo cree y la fotografía realiza– al hombre que representa, vemos sin embargo otra cosa, como si en general no supiéramos qué es un hombre. Tanto la contemplación popular como la puramente artística son, en efecto, abstracciones de la siguiente forma unitaria: el hombre, que en cuanto obra de arte está coordinado con el otro, con el hombre en cuanto realidad empírica. Esta vivencia central del arte empero rodea a las otras, a las unilaterales, que se asemejan a las evaporaciones que en la periferia pierden su unidad, o a una superficie blanca que al ser impresionada por la luz se disuelve, en sus orillas, en los colores simples. Nadie podrá desconocer en los cuadros de Rembrandt –de acuerdo con épocas muy diversas– un gozo por los fenómenos de color como tales. Su pasión por la belleza de las cosas bellas, por armas y joyas, por viejas telas con colores reflejados y brillantes, por curiosidades raras que excitan los sentidos, exige de la superficie del cuadro, como sinfonía de color, una belleza contraria a toda significación y a toda belleza indiferente, en sentido expreso, a su objeto. Aquí se hace valer un puro mundo de arte independiente del valor central o total de la obra; busca una belleza que flote por encima de los abismos y que se agite en los fenómenos. Pero parece que con el aumento de la edad y la creciente profundización se hubiese perdido esta dirección. Técnicamente se sobrevive en problemas pictóricos especiales y terminó por resolverse sin residuo, en cuadros tales como la *Novia judía y* el grupo familiar, de Braunschweig, en la vida vibrante que rechaza cualquier cualidad singular del todo. En el *Saúl y David* (de Haag), algo anterior, se muestra cierto dualismo entre esos elementos. Hay aquí un chisporroteo y una borrachera de telas y colores, una belleza que podríamos llamar eudemonista y una pura plenitud pictórica que se asoma y parece buscada por sí misma. Y al lado de esto, una profundísima conmoción del alma, una escueta irrupción de la vida más íntima que al fluir destiñe toda aquella suntuosidad. En el plano de lo meramente esencial se ofrece aquí el conflicto que destrozó la vida de Miguel Ángel: la pasión por la belleza sensible de la existencia y el total convencimiento de que sus valores interiores y trascendentes –que en última instancia libertan o aniquilan– no están afectados por ella y, lo que es más, de que la dirección hacia la belleza, configurada en el fenómeno, desvía y entorpece a la otra, a la que se dirige al alma y sus decisiones. Esta oposición llegó a ser tan ruda en él que no podríamos encontrarla en ningún lugar de la obra de Rembrandt. Pues nunca exigió que la belleza fuese el valor decisivo del alma, como Miguel Ángel, que con tal exigencia se destruyó ante lo insoluble. Por mucho que, por lo menos a veces, lo maravillara la belleza intuitiva, sin embargo, seguía siendo para él algo externo que no conmovía la vida propia del alma en sí misma ni su expresión, de modo que se podía conciliar pacíficamente con ella. El hecho de estar lo sensible del arte y lo intensivo del alma uno al lado del otro significa que son entre sí más extraños que la tirantez, fecunda y trágica, con que los vivió Miguel Ángel, quien mediante su poder creador la refrenó en sus obras. Indudablemente en muchos trabajos de Rembrandt se encuentra esa alegría por la exquisitez de lo visible y de lo pictórico como tal; pero no se puede negar que de un modo harto inconciliable con la expresión de la vida más íntima que irrumpe de una manera absolutamente no sensible. Al lado de la unidad a que Miguel Ángel constriñó los contrastes de los valores de la existencia, el tratamiento de estas obras de Rembrandt puede aparecer como una imperfección; pero son un símbolo más singular o si se quiere más grosero de su actitud ante lo que sólo él podía decir y ante lo que en sus obras más únicas lo obligó a negar la belleza como un elemento intuitivamente indiferente.

La belleza, con la rotundidad de su forma, que vuela por encima de la corriente de la vida como tal, está evidentemente en relación con lo que se denomina perfección de la obra de arte. Pues, además del sentido generalísimo con que sólo se designa una altura de jerarquía sin calificación característica alguna, tiene otro más específico, del que ciertas supremas obras de arte no participan. Así como existen personalidades a las que no se les puede negar el predicado de perfección ética pero que sin embargo fluye de ellas algo de inabordable –son principios ideales convertidos en carne que sólo hacen nacer en nosotros un desesperado asombro porque ya no conmueven lo humano con su inevitable culpabilidad e insuficiencias posibles–, así también existe una perfección de la obra de arte que no llega a impresionar profundamente lo que la vida puede compartir y apropiarse. Quizá muchas obras griegas de la llamada época floreciente presenten este aspecto; quizá muchas del Renacimiento superior compartan el mismo carácter; de tal modo que éste sería el fundamento por el cual ocasionalmente y a partir del presente se muestre cierta reserva e incluso el rechazo de tales configuraciones artísticas indudablemente “perfectas”. No sólo lo puramente artístico, sino también el dominio entero del valor de que procede su contenido y todo signo e incluso toda posibilidad de terrena imperfección, se ha separado de ellas. Por eso nos falta una cierta palpabilidad interior de la obra. La razón de este hecho se encuentra quizá, en relación con lo dicho antes, en que el proceso por el cual la obra ha llegado a ser se ha volatilizado sin dejar vestigios y el resultado acabado, rotundo y completo nos impide revivirla. El modo de pintar de Rembrandt –por múltiple, enigmático e inimitable que sea desde el punto de vista técnico–

despierta la ilusión de que se podría seguir el movimiento de su mano y el trazo particular del pincel, de que se podría perseguir el modo como la obra, no obstante su supra-subjetividad y rotundidad, ha ido creciendo por los impulsos o imponderables pictóricos del alma. En Ticiano, por ejemplo, el proceso de la obra se oculta hasta la huella última y se agota hasta el fin en lo cerrado de su existencia. En las obras perfectas, en este sentido, falta un momento que, por inconsciente que sea, es necesario para la más honda conmoción del hombre ante una obra suya: la posibilidad del fracaso –tal como se supone en la eticidad que más poderosamente nos mueve, una tentación, es decir, la posibilidad de pecar. Por eso, incluso las religiones paganas poetizaron acerca de una historia de la tentación. Y la verdad que carece de la posibilidad del error en general deja de pertenecer, si el concepto de Lessing es justo, a la esfera humana. Tal es, me parece, un *a priori* de cualquier obra del hombre que si conmueve toda nuestra vida tiene que ser palpable e inmanente a ella. Con Rembrandt, aun frente a sus obras más soberanas y perfectas, nunca tenemos el sentimiento de que se hubiesen separado absolutamente de la base de la vida entregada al azar y al destino y no se nos presentan desde una perfección que les impediría la posibilidad de ser otras. Como sus hombres, también sus obras residen en el destino de la vida y en su posibilidad de error, aunque no haya llegado a ser real ni siquiera en el más pequeño fragmento. Sólo en un sentido unilateral existe la perfección en la obra de arte y es cuando este síntoma de la más plena vida propiamente dicha ha sido eliminado. Pero, así como la felicidad alcanza toda su amplitud cuando encierra en un anillo la bienaventuranza y la infelicidad; así como la vida únicamente alcanza un sentido absoluto (me he referido antes a este tipo de conceptos) cuando dentro de sí misma abarca, superando su oposición, al sentido relativo de la vida y al sentido relativo de la muerte, así también se podría concebir una última significación de la perfección que quizá sea en sí misma perfección e imperfección y en la cual la última se presentaría en el dominio de la vida aquí discutido como una mera posibilidad de fracaso. En su base más profunda, lo dicho coincide, como ya vimos, con la oposición de forma y vida. La vida no tolera aquella estructura, propia de la "forma completa", que se encierra en sí misma. En cualquier concepto supremo, por ejemplo, en el que entra a raudales en el de la plenitud, hay el impulso de ir más allá de su límite inteligible y, en cierto modo, está constreñido a admitir dentro de sí a su contrario y a estirarse hasta lo infinito. Así entendida, la perfección no expulsa de su seno, como algo que no comprende, a la posibilidad humana, conforme a su destino, del fracaso. Pero tal es lo que hace el arte que se "cumple" en la separación de la forma de la vida. Lo que como un agudo pero audible sonido acompaña a las obras de Rembrandt no es por cierto nada positivo. Sólo es la palpable expresión que ayuda a interpretar el carácter de su arte, porque el arte que interiormente se le opone es positivamente excluido.

Como ya he dicho, existe, por una parte, una conexión entre la belleza que la obra de arte toma prestada del objeto, y que es aceptada o modificada por el estilo –que es indiferente para Rembrandt– y, por otra parte, entre la belleza y la generalización o la constitución de un tipo supraindividual, que está igualmente fuera de su camino. Una oposición que con razón pasa por estar envejecida puede prestar un servicio a la aclaración de nuestro tema. Antes se distinguía entre lo bello y lo característico en el arte y cuando se hacía valer semejante diferenciación se lo designaba a Rembrandt como el pintor de lo característico. Esta diferencia significa lo siguiente: en ciertas obras de arte la superficie del fenómeno está determinada por el punto más interior de su esencia, y eso es lo que en aquella terminología se llama carácter; en otras, en cambio, la norma conductora y otorgadora de valor viene de otra parte. Y lo que está colocado al otro lado del fenómeno sólo puede ser, evidentemente, la generalización, lo que existe fuera de la individualidad última. Al ser éste el lugar de la belleza como principio del arte, lo individual es su contrario, es decir, el lugar de lo "característico", como principio del arte. La profundidad, el poder de la impresión y la composición armónica con que Rembrandt desarrolla al hombre –si especialmente se consideran sus cuadros religiosos– no conducen su desenvolvimiento –como se comprenderá por lo dicho– a la forma que llamamos belleza. Pues la belleza, en la acepción corriente de la palabra, no es un concepto abstracto y realizable en la captación de cada una de las manifestaciones humanas. Lo que de ellas consideramos bellas de un modo generalísimo es una configuración clásica y a los otros tipos de belleza se los caracteriza mediante adiciones tales como interesante, picante, demoníaco, etc., que son designaciones limítrofes y mezcladas con otras direcciones de significación. La concepción del mundo que ve el valor absoluto en lo universal (tal como la revela el señorío del tipo sobre los fenómenos singulares) y en la legalidad inmanente (que vincula entre sí a los elementos del fenómeno y los deja luego flotar libremente) surge de la entronización de este concepto de belleza. Por eso no puede ser ella la aspiración última de Rembrandt. Lo decisivo del fenómeno humano es para él el punto de la individualidad que por la vitalidad fluente desarrolla la personalidad entera. La belleza es válida para una visión que, por decirlo así, está en reposo y es forzoso que aparezca como una abstracción y como algo "superficial", en un sentido que no es de ninguna manera un juicio de valor sino un juicio de ser.

La individualística del Renacimiento y Rembrandt

Una cualidad del retrato del Renacimiento que surge de la relación con las categorías últimas de la vida es la que impresiona como lo típico, mientras que los retratos de Rembrandt hacen la impresión de una individualidad. Tal interpretación del concepto permite presentar la diferencia entre la individualización en Rembrandt y la individualización, que con razón se ha acentuado siempre, del retrato del Renacimiento, en especial del *quattrocento*. A la vida medieval atada a las formas de la colectividad le siguió una reacción que encontró su expresión extrema en la plástica retratista del siglo XV: no sólo suponía representar al hombre como algo peculiar, exclusivo y característico, se podía incluso llegar hasta lo grotesco. Si se quiere prescindir del hecho de que la voluntad de poder, que atraviesa la vida de los hombres del Renacimiento, se realiza en un acrecentamiento singular aunque cuantitativo de rasgos esenciales y en definitiva típicos, en todos los casos, sin embargo, la individualización es sociológica y consiste en un ser otro y en un detenerse. Luego, era necesaria la comparación y un acto de volverse hacia afuera o hacia el fenómeno; por tanto la individualización coincide con la voluntad de poder, con la ambición y con la total imposición de sí mismo; es decir, la coincidencia es tanto con el lado bueno como malo de la megalomanía del hombre renacentista. Pero si se parte del punto de vista de la naturaleza –*per tanto variar la natura è bella*– la individualidad apasionadamente realizada en el Renacimiento está rodeada por la no menos profundamente sentida legalidad universal de la naturaleza, cuyo efecto, como símbolo de ella, se presenta como simetría de proporciones y de estilo. Para el hombre renacentista, la naturaleza era un ser concorde e ideal –por diferentes que sean las entonaciones con que hablan Miguel Ángel y Correggio, Rafael y Ticiano– que surge de la diversidad de los individuos y no se separa de tal fundamento y raíz. Aquí la individualización encuentra su límite, que está designado por aquella comunidad formal. Tal idea de naturaleza está muy lejos de Rembrandt. La naturaleza que él busca es la de un ser único; sus retratos no se apoyan, como los del Renacimiento, en aquella raíz metafísico-monista. Su ser no coincide con un concepto universal –formulado, sentido o realmente eficaz– sino que se agota completamente en cada individuo, que puede existir porque la figura está dentro de la trama de la luz y del aire o porque sobresale por encima del estrépito y del tumulto de los colores que rugen dentro del cuadro. La naturaleza universal con la que coincide esta manera se halla, como es evidente, en una capa muy distinta y mucho más intuitiva que la *natura* panteísta del Renacimiento.

La relación de Rembrandt con el Renacimiento parece ser en cierto modo análoga a la que existe entre Shakespeare y Goethe. Las individualidades más ricas y extendidas de las configuraciones goethianas están rodeadas por una atmósfera espiritual. Y como lo decisivo del carácter de una obra poética exige Goethe "que por la significación se mantengan una separada de la otra aun dentro del mismo género". La proximidad entre el creador y cada una de ellas –denominó a toda su obra una confesión personal– encontró su reflejo objetivo en el hecho de que parezcan brotar como el fruto de una naturaleza concorde. Goethe hizo palpable la respiración de la vida divina que sopla en todas las ramificaciones de la existencia como siendo el alimento vital de cada ser. Este Dios-Naturaleza, cuyos hijos somos todos nosotros y también los que están por debajo, en el mismo plano o por encima de nosotros, vive en cada uno. La individualidad en Shakespeare, en cambio, no se desenvuelve desde los fundamentos últimos del ser en general, sino del ser propio de este ente en particular; no está atravesada por un jugo vital, que con cierta unidad alimente a todos, común a la totalidad y metafísicamente captable. Surge de cierta dinámica caótica de la naturaleza y permanece rodeada por ella; por otro lado, se vincula con el ser particular y propio de un modo más profundo y menos concorde o uniforme que la naturaleza o "la buena madre" de Goethe. Pero se halla en la misma capa sustancial y susceptible de ser vivida: es como el aire que nos rodea y respiramos y que contiene la materia de que está formada la masa principal de nuestro cuerpo. En semejante atmósfera oscura, informe, pero por completo a metafísica, viven las configuraciones de Shakespeare. Sus individualidades, que son en absoluto independientes y que forman su unidad por sí mismas, no descienden hasta un fundamento del todo para lograr así una forma común con otras. Lo mejor sería comparar esa atmósfera con el mar de luz y color que inunda las configuraciones de Rembrandt, que cuando se cristalizan dentro de él lo hacen según la ley individual de cada una: no se imponen entre sí necesidad común alguna. Lo mismo que en Shakespeare, la naturaleza está aquí agotada en la individualidad y no conserva nada que le sea propio como para que pueda abrazar a todas las individualidades en la unidad de una forma dada por una profundidad última, tal como ocurría con el Renacimiento y con Goethe.

Pero, antes de todo, a la individualidad de Rembrandt, tal como ahora la concibo, le es por completo irrelevante la diferencia sociológica con otro ser. Desde este punto de vista nada está socialmente coloreado ni por el lado de la igualdad del tipo ni por el lado de la diversidad cuantitativa del ser. Es seguro que a Rembrandt no se le hubiera ocurrido acentuar expresamente lo que se proponía Bernini, cuya voluntad era presentar en el modelo de sus retratos "lo que la naturaleza no le ha dado a nadie más que a él". Su individualización afirma tan sólo que el fenómeno está determinado por la corriente total de la vida que lo arrastra y que precisamente sólo es y puede ser la vida de este hombre singular y que permite que sea concebido, por decirlo así, de un modo intuitivo. Por eso, frente al hecho de que junto a ella pueda haber otra existencia calificada con el mismo rigor, es indiferente; pues ninguna vida puede ser exceptuada de su carácter de irrepetibilidad. El individualismo del Renacimiento está ilustrado de modo excelente por la tradición de que al comienzo de la época y durante cierto tiempo no hubo en Florencia ninguna moda general del vestido masculino: cada uno deseaba vestirse según un modo propio. A pesar del inaudito individualismo de Rembrandt no se encuentra esa exposición propiamente dicha con la que el individuo como tal aparece en el Renacimiento. Cuando se establece una comparación –aunque como resultado de ella resulten ulteriores diferencias– existen presupuestos comunes por los cuales es posible; existe un patrón de medida común, en nuestro caso una idea general de lo humano; hay cierto *quantum* que contiene a cada personalidad por incomparable que parezca su configuración. Este hecho permite que domine o prevalezca el sentimiento de un mismo estilo y de un tipo universal para todas estas formas incomparables. El Renacimiento, pues, acomodó el elemento de la individualidad con el platonismo que admitió. Según Platón, amamos a un hombre bello en particular porque nos recuerda nuestra visión preexistencial de la Idea de la Belleza, de manera que el individuo toma el motivo de la existencia pre-terrena y su significación ideal. Al referirse al retrato de la *Madonna Laura* de Simone Memmi, decía Petrarca:

Mi maestro ha estado ciertamente en el Paraíso
De donde descendió la ilustre señora.
Allí la vio él: por sus nobles rasgos
Su obra terrena muestra un testimonio celestial.

Y Miguel Ángel, refiriéndose a la mujer amada:

Allá, donde una vez se encontraron nuestras almas
Me conduce el camino que muestran tus ojos.

La idea de la belleza universal fue reemplazada por la "idea" de la personalidad individual; es un platonismo más individualizado, pero siempre un platonismo, puesto que ve en la forma metafísicamente fija y ofrecida una vez por todas la esencia definitiva. Tal forma intemporal –por apasionadamente que se acentúe su unicidad en el dominio de lo empírico y real– no puede, en principio, renunciar a realizarse de un modo múltiple, a compartir el mismo estilo con otros y a formar un tipo, Pero la individualística de Rembrandt difiere tanto de la unicidad sociológica como de la universalidad abstracta; porque en principio es otra la dirección por la que capta el fenómeno. En vez de partir de la forma, parte de la vida, que siempre se configura individualmente aunque su corriente esté alimentada por innumerables afluencias impersonales.

En el último período de Rembrandt se muestra ocasionalmente una superación de la conexión entre la vida y la individualística. La movilidad fuertemente individualizada de un alma ya no es la conductora de la vida, sino que, ensanchándose al ir más allá del ser singularmente caracterizado, llega hasta una vibración de la vida humana en general que fluye por encima de todas las determinaciones de límite, incluso las psicológico-íntimas o bien se recoge y llega a una tan oscura profundidad que el lado exterior parece algo fijo, impersonal o enmascarado. Si se comparan el *Tito,* de la colección del príncipe Jussupoff, con los *Staalmeesters,* que están indudablemente en la misma línea, se verá que se ha alcanzado un grado más alto de lo que se puede llamar individualización; un grado en que lo específico de la individualización de Rembrandt logró quizá su perfección. Se podría pensar en la manifestación de Goethe según la cual todo lo que es perfecto en su especie va más allá de su especie. En los *Staalmeesters* todo lo que las configuraciones de Rembrandt contienen de singular y característico es algo total y absolutamente propio de Rembrandt, pero que hace recordar siempre al principio clásico. Podemos decir de las diferentes figuras: éste es orgulloso, aquél místico, el tercero inteligentísimo, etc. –por más que tales concepciones típicas por sí mismas y como lo primario de la representación artística del individuo no sean dominantes en Rembrandt. En el *Tito* todo esto se derrumba: es una vida torrencial y vibrante y es imposible señalar en ella un punto conceptualmente fijo. Aquellas cualidades psicológicas eran todavía de contenido, intemporales y susceptibles de ser abstraídas de la vida. Caen tan pronto como ésta se presenta en su pura desnudez así como se muestran cuando se la niega, es decir en el arte geométrico y puramente formal. De aquí resulta que la vida puede llevar un carácter diferencial de su funcionalidad: puede transcurrir trágica, lenta o impacientemente. Todo ello, sin embargo, difiere de la determinación psicológica de lo que soporta una vida en particular. La sentimos, incluso intuitivamente, como una especie singular de movilidad del material. Tal cosa sigue siendo todavía algo sin más universal. Pero, al separarse la vida de todo lo no viviente, puede en primer lugar residir en diversa medida en el fenómeno material. Pero además me parece que esta virtualidad intuitiva tiene especies diferentes. La vitalidad de Frans Hals o de Ribera o de Goya no sólo difiere cuantitativamente de la de otros pintores, sino también cualitativamente. Lo que decide este hecho es muy oscuro: quizá sea el ritmo de oscilación de las partes más pequeñas, quizá la relación de la mezcla entre la vitalidad más latente y más actual que está contenida por todas partes. La singularidad psicológica propiamente dicha se ha apartado a lo lejos: se halla ahora en la periferia de la vida, cuyas diversidades centrales son las de los ritmos de su fluir y de sus fuerzas. Lo que decide semejante hecho está más allá de la delimitación de la personalidad; pero cada una de las cualidades designables o ha sido arrastrada hasta la obra exterior o hasta la oscuridad sin nombre de la sustancia anímica. Si paradójicamente se debe expresar lo que apenas puede ser aprehendido por la palabra, diría que es como si la vida de esta persona, lo más absolutamente propio e inseparable de ella, se sustrajese a todo lo singular que se pueda afirmar de ella. Es como si de aquí manara una corriente vital que no cubre sus orillas cuando las baña y que, aunque teniendo una propiedad inconfundible, no se elevara en ella misma ninguna ola de forma propia y singular. Es cierto que cualquier cuadro perteneciente a esta serie surge siempre del punto de la individualidad; pero es como si desembocara, al seguir extendiéndose sin que lo individual se pierda, en una capa de la vida de esta persona en general y como si se colocara sobre los vestigios de su desarrollo y destino conservados en los otros estratos, una mera atmósfera de su vida absoluta. Tal vida no tiene por cierto la intemporalidad que atribuimos a la de lo clásico. Así como en éste el proceso espiritual, la conciencia lógica de contenido, encontró la forma de su eternidad, la corriente del sentimiento del ánimo, su vitalidad –que no conduce más allá de semejante altura de la conciencia– desemboca aquí, por así decirlo, en un lago que acoge la movilidad vital en su propia calma.

Clases de universalidad

Las dificultades de una expresión comprensible de las configuraciones vitales que residen en los retratos de Rembrandt y de la relación de lo individual y de lo universal, por la cual se configuran, descansan en gran parte en el hecho de que estamos habituados a entender el concepto de lo universal en su solo sentido teórico. Lo universal teorético es la determinación común a los fenómenos individuales y separados –con indiferencia de que sea logrado como concepto abstracto o cristalizado en formas legales o en la sustancialidad de las ideas platónicas. Ya la concepción de lo universal en el sentido social ha sido dificultada por este hábito de pensamiento y ha sido la causa de que la unidad social –que parte y está por encima de los individuos– haya tomado un rasgo misterioso: el hecho de que el Estado sea algo diferente a la suma de sus ciudadanos, la Iglesia a la de sus fieles, etc., apareció como una cosa oscura e irracional, de tal modo que esas estructuras han sido explicadas como meras abstracciones, en cierto modo independizadas de los elementos comunes a los individuos que son los únicos reales. Pero es palpable que la "universalidad" de semejantes configuraciones es por completo diferente a la que se trata de legitimizar por este camino teorético-conceptual. No otra cosa acontece con la universalidad de la interpretación metafísica del mundo, a cuyo peculiar valor de verdad no lo sentimos aniquilado por la circunstancia de que no lo podamos demostrar rectamente en la unicidad aislada que le está sometida. Reside en otra capa del pensar que no es la de esas universalidades logradas por la abstracción lógica que parte de los fenómenos singulares. Precisamente por la exigencia de satisfacer las normas de este ser abstracto y universal –exigencia mal orientada y por eso mismo irrealizable– lo universal ha sido frecuentemente mal entendido y rechazado. En el arte volvemos a encontrar otra universalidad que tampoco es dócil a la modalidad lógica de la abstracción. Mientras que en el curso habitual de la vida los sentimientos se adhieren a ciertas ocasiones singulares, pudiendo conservar así una coloración individualizada, los sentimientos entrelazados en el tejido de la música y desplegados en ella renuncian a semejante sutileza y por eso se presentan como universales, aunque de ninguna manera, con respecto a los sentimientos singularizados, tienen la relación propia de un concepto universal con las formas singulares que están por debajo de él. Antes bien se trata de un universal que es, por decirlo así, absoluto; es decir, que no necesita como correlato lógico suyo de ninguna singularidad, por más que no sea indiferente a las que han sido vividas. Por eso sentimos a la música como infinitamente multívoca y al mismo tiempo como absolutamente unívoca; lo cual muestra que la pregunta por su relación de universalidad lógica con lo múltiple de la vida tiene que haber estado mal planteada, pues de otro modo no se la podría responder afirmativa y negativamente al mismo tiempo.

Si en los últimos y supremos retratos de Rembrandt sentimos que la unicidad, como principio, ha sido superada, que han sido rotas las membranas, bañadas por la ola vital, en las que cada individualidad de vida está incluida y aislada de las otras, la universalidad así existente no traspasa la individualidad, que es precisamente la portadora de esa vida. Es la universalidad de esta individualidad misma y no reside por encima de ella o en lugar alguno, sino que se encuentra en la unicidad de vida que fluye de modo particular y en la que cualquier singularidad es sólo un resultado designable o un despedazamiento posterior. Rigurosamente vista, tal universalidad no tiene en general su correlato en lo individual, como ocurre con la universalidad lógicoteorética; pues, en cuanto ella es, lo singular no existe en su sentido particular, mientras que tendría que existir si se tratara de la universalidad abstracta.

Por eso los cuadros de esta categoría muestran, en un punto particular y característico, su contraste con la individualidad renacentista. Estamos seguros de que la parte singular de un rostro alcanza su significación únicamente en conexión con todas las otras. Lo que una boca tiene de expresión anímica, de belleza o fealdad o incluso de pura impresión formal, depende completamente de la clase de nariz y barba, de ojos y mejillas con que está en conexión. Enlazada con rasgos diferentes expresaría, desde todos aquellos puntos de vista, algo por completo diferente, y separada de la interacción fisiognómica y de todos los demás rasgos singulares, no significaría nada. Con la reserva de este elemento universal y fundamental, semejante interacción, que no permite a ninguna parte singular del rostro un papel monologado, no siempre es estrechamente simétrica. El retrato se tiene que esforzar por acentuarla de un modo particular. El movimiento fluyente de la vida, la simetría con que se marcan en toda su corporeidad las situaciones y sentimientos, obra sobre el hombre real, de tal manera que los rasgos del rostro no actúan separados sino juntos y con sentido unitario. Pero para el pintor, que sólo dispone de la muerta yuxtaposición de las manchas de color, llega a ser un problema supremo el de proporcionar rasgos con aquella acción recíproca y conjunta que representa la unidad de la persona y su constitución. Lo que sentimos como necesidad interior de un retrato no es otra cosa que esa incondicionada conexión que permite, partiendo de un rasgo cualquiera del fenómeno, concluir con validez en cualquier otro y recíprocamente –lo cual es posible quizá por la fundamentación de una unidad que traspasa a la suma de los rasgos. El hecho de que se la pueda exponer en medida resueltamente graduada no sólo es el efecto de un diverso poder sino también de un diverso querer estilístico. Existe una serie de retratos italianos en los cuales es innegable una determinación individual, un cierto ser por sí mismo y una independencia de las partes singulares del rostro. Muy sorprendentes ejemplos son el *Retrato* de Giorgione, de Berlín, el *Autorretrato* de Palma Vecchio, de Munich, y la *Cabeza de Médici* de Botticelli, de Bérgamo. Pero la personalidad impresiona como plena unidad de cuerpo y alma por la maestría empleada en estos retratos, pues cada uno de los rasgos del rostro así individualizados representa el mismo carácter y la misma expresión que el otro. Donde es más fácil de establecer lo dicho es, me parece, en el retrato primeramente citado de Giorgione; por lo menos, no conozco otro retrato de una cabeza en la que la boca y la frente, los ojos y la nariz delaten cada una por sí y con evidencia el mismo carácter intraducible por la palabra. Naturalmente, el presupuesto fundamental siempre es esa correlación de elementos;

sólo que sobre su base aparece palpablemente la configuración individual y el acento peculiar de cada rasgo. Aunque ninguno de los dos principios –a saber, el de la igualdad expresiva de los rasgos singulares, tratados como individualidades autónomas, por una parte, y el de la cooperación de los rasgos completamente dependientes entre sí, por la otra– pueden ser, tomados en si mismos, en absoluto y como dominantes, designan sin embargo tendencias fundamentales muy diferentes y cada retrato puede encontrar un lugar preciso en la escala de su mezcla. En un polo de ella están aquellos retratos italianos –como buen ejemplo de una manifestación intermediaria se podría colocar el *Inocencio* de Velázquez–; en el otro polo se encuentran, sin vacilación alguna, los retratos tardíos de Rembrandt. En ellos la unidad de la vida total del individuo es tan dominante que oculta la individualidad de los rasgos singulares. En vez del carácter, por así decirlo, sustancial, que consiste en la homogeneidad de la expresión de las partes singulares individualmente configuradas, entra lo funcional puro y ninguna parte posee una significación particular mayor; tampoco se limitan entre sí ni es posible comparar lo que es lo peculiar de una parte con la peculiaridad de la otra. Parece que en esto existe una ley formal: las partes pierden acentuación singular y simetría formal en la medida en que la vida del todo es más fuertemente unitaria e individual. Cuando los dos últimos momentos irrumpen con claridad, el cuadro tiene un carácter más mecánico y que sólo, tratándose de obras artísticas, puede ser superado por la vitalidad genial del creador. Tanto en los ornamentos como en las constituciones estatales, tanto en las comunidades religiosas como en los períodos de las existencias personales, se observará la misma conexión típica: la fuerza vital del todo es inversamente proporcional a la delimitación singular o a la igualdad formal o material de las partes. Así lo que se puede llamar la universalidad de estos retratos de Rembrandt no es la universalidad en cierto modo arbitraria que se ofrece como igualdad de significación o, partiendo de ésta, como los rasgos relativamente individuales e independientes. La unidad de la vida interior, que los soporta, sirve en su complejo a los rasgos singulares por completo dependientes, sin que éstos, considerados singularmente, sean la expresión del todo. Desde el punto de vista de los medios de la representación artística aquélla corresponde, según la tendencia individualizadora, a los modos de presentación linealmente precisos y delimitados por trazos rigurosos; pero interiormente es uniformadora, como lo patentiza el modo de pintar del tardío Rembrandt con su manera anhelante y sus límites desdibujados.

El principio artístico del realismo se refiere a esta universalidad inmanente de la individualidad que se representa con una claridad deshabitual. Lo universal, fijado en su sentido teorético, aparece, frente a la forma singular e individual que representa la realidad captable y propiamente dicha, como algo abstracto. Cuando la universalidad irradia sobre los principios del arte, el arte idealizador, apartado de la mera realidad, encuentra su asunto en lo universal, en lo típico de los objetos. El realismo, es decir, la representación artística que se pliega al objeto real e inmediato, sólo ve el objeto singular, porque real únicamente es la configuración individual, la que no va más allá de sus límites palpables. La historia del arte y la impresión estética confirman, en cierta medida, estas relaciones. Cuando se encuentra una precisa agudización e individualización de los rasgos de la concepción (que no esté abarcada, como en el *quattrocento* italiano por una estilística), domina la impresión de su decisivo naturalismo y la forma individualmente acuñada parece estar copiada de la realidad inmediata y soporta, como cualquier otra, rasgos universales y supraindividuales. En la última, frente a la realidad, la fuerza transformadora, soberbia y libremente idealizadora del artista parece tener la parte más importante. Rembrandt quebrantó esta división de partidos: la relación entre el realismo y la individualización alcanzó tal grado de desacuerdo que se convirtió en un desarrollo propio y superior de ella. Su arte es individualístico en la más alta medida sin ser realista: sometió el fenómeno dado a la transformación ideal y artística sin superarlo con una universalidad que quebrara la particularización del ser singular. Aunque no haya descubierto la síntesis entre el individualismo y la liberación de la realidad inmediata e impresionista, la representó en su máxima conformidad de principios. Pudo hacerlo porque su individualismo es una universalización inmanente, es decir, representando una vida en su delimitación más personal. Pero la representó como la totalidad de su curso continuo, como la unidad de sus rasgos no designables, como la vida del destino en su fluir, desconocida por todo límite conceptualmente puesto. Tal vida entra misteriosamente en el irrepetible momento del instante sin sacrificar la forma temporal del acto de la vivencia. De este modo Rembrandt pudo mostrar de la manera más impresionante cómo ciertas configuraciones específicas, inalcanzables por cualquier categoría teórica, puede realizarlas el arte con los elementos últimos de la estructura espiritual. En este punto se reúnen todas las líneas con las que habíamos tratado de comprender su significación humana.

El arte de la ancianidad

El cambio en la representación de la individualidad, que se cumplió, como ya lo he dicho, en su último período, coincidió con la condicionalidad del arte de la ancianidad –y no sólo de la de Rembrandt. "La ancianidad, decía Goethe, es la paulatina reducción del aspecto". Cuanto más envejecemos tanto más se paralizan las multicolores experiencias y las sensaciones y destinos que poblaban nuestro camino por el mundo. Tal es lo que constituye nuestro aspecto, en el más amplio sentido, en el que cada línea es un resultado de nuestro propio yo y de las cosas y los sucesos que nos rodean. Como ya dije, los últimos cancelan su oposición porque acrecientan su riqueza, de tal manera que a nada singular le corresponde ya una impresión más decisiva o una fuerza capaz de dominar nuestra vida, y entonces el factor subjetivo de nuestra existencia irrumpe de un modo determinado o determinante porque proviene del fenómeno, es decir de su entrelazamiento con el mundo. El destino externo de Rembrandt profundizó y fortaleció este proceso por haberlo aislado cada vez más del mundo empírico, que se convirtió para él en algo cada vez más extraño, hostil y sin sentido. Por eso su vida se concentró cada vez más en su subjetividad y se convirtió en el ejecutor particularmente eficaz del juicio que el anciano expresa siempre sobre el arte de los grandes artistas. Pero lo que determina el arte del anciano es una particular especie de subjetividad, que apenas si comparte el nombre con el subjetivismo del joven. Pues éste o es una apasionada reacción contra el mundo o un indiferente expresarse y vivirse a sí mismo, como si el mundo no existiese; mientras que el otro subjetivismo consiste en liberarse y apartarse del mundo después de habérselo incorporado como experiencia y destino. Por eso el contenido predominante del subjetivismo juvenil es el yo, mientras que el predominante en el del anciano es la forma. La circunstancia de que en sus últimos retratos y en otras representaciones artísticas Rembrandt se haya expresado tan sólo a sí mismo parece ser una paradoja. ¿En qué consiste, en estas formas objetivas, el yo? Pues en sus obras tempranas, que por otra parte no representaban algo que fuera más objetivo, no era patente. Decir que habría ocultado sus sentimientos personales con la máscara de sus modelos sería algo propio de una lírica naturalística que estaba muy lejos de Rembrandt y que no puede constituir el sentido de su ulterior subjetivismo. En el arte de la ancianidad de los grandes genios, el subjetivismo significa más bien que la referencia a los objetos exteriores como tales les ha llegado a ser indiferente, de modo que sólo se expresan a sí mismos, pero únicamente en cuanto artistas. Sienten su vida empírica, la que constituye el yo habitual del hombre de genio, tan perteneciente al fenómeno como aquellos objetos y como ellos mismos está desprovista de importancia. Lo que expresan en sus obras es aquel yo superior, que sin desmerecer el carácter de subjetividad ha llegado a ser absolutamente genialidad y creación artística. En estos cuadros no hemos de buscar a Rembrandt según sus contenidos de vida o sus sentimientos transcurridos de uno u otro modo; de antemano la visión se ha de encaminar a una capa que no es la teórico-anecdótica. Pero tampoco existe una pura actividad artística que se cumpla por un desvinculamiento de la totalidad viviente del hombre. Antes bien, lo decisivo es la síntesis orgánica. Se la puede expresar indiferentemente por dos lados: o bien su esencia entera y última se ha agotado por completo en su actividad artística o ésta se ha transformado por completo en la subjetividad de su vida. En las obras tardías de Donatello y Ticiano, de Frans Hals y de Rembrandt, de Goethe y de Beethoven, sentimos semejante unidad. En ellas está extinguido o quizá aislado y suspendido tanto el interés por lo meramente artístico como por lo meramente subjetivo. Puesto que la creación está constituida por la reunión de estos polos, también el interés por la consistencia propia del objeto o modelo se apaga. Pues este arte lo admite con indiferencia de lo que más allá de su ingreso en este sujeto y en este arte (ambos son ahora idénticos) pueda significar en y por sí. El hecho de que el buceo en la profundidad de todo ser del mundo, logrado en este estadio, signifique al mismo tiempo lo definitivamente esencial de aquellas existencias objetivamente representadas, es un accidente del arte de la ancianidad y pertenece a lo que muy bien se podría llamar su mística –por más que Rembrandt no sea un místico. Pero frente a alguna de las últimas obras de Rembrandt se puede ahora entender nuestro sentimiento de que se haya debilitado su apasionada búsqueda de la individualidad del modelo. Pues esta individualidad existe fuera de su vida, que ahora es artístico-subjetiva; el ser por sí propio de ella ya no cree en el círculo en el que se han concentrado todas sus fuerzas creadoras. Para el arte de la ancianidad pertenece al fenómeno o se lo puede reducir a él. Y también es comprensible la circunstancia de que cuando la personalidad del modelo es realmente concebida y fundamentada se debe a que ha sido otra vez llevada a su vida individual, a su universalidad inmanente. Pues ésta, y no su configuración empírica y singular, se despliega inmediatamente desde aquella misteriosa y profunda capa en que vive el arte tardío.

La visión inespacial

Ese deslizamiento de la totalidad vital, artísticamente representada, que escapa a cualquier momento de firmeza, encuentra su ejemplo y símbolo en un punto singular, que aunque señalable de modo claro y distinto en los cuadros últimos no está ausente sin embargo en los tempranos. Su interpretación exige una más amplia conexión. Si se observa atentamente cómo se diferencia el modo de mirar de un hombre profundo y esencial del vulgar e insignificante, se advertirá que el primero parece mirar a lo lejos, fuera del objeto –al que sin embargo fija de una manera penetrante y atenta–; no a lo lejos en sentido lineal sino supra espacial: se dirige hacia algo que no se puede limitar y, que no tiene significación espacial alguna. En los hombres de vida inferior la mirada se encamina tan sólo a la cosa que están mirando y la energía que surge del acto de la visión es como un muro sin puertas: simplemente rebota en ella misma. En los otros, en cambio, es como si la fuerza viviente de la mirada no se acomodara por la dirección que el objeto fija; incluso no se manifiesta en dirección alguna, sino que delata una intensidad sin más inespacial y no adherida a ninguna cosa determinada. En el arte se encuentra algo semejante en ciertas actitudes que quizá aclaran del modo mejor lo peculiar de esa especie de visión. *Juan en la Crucifixión* de Grünewald y muchos cuadros de Buda, la figura con los brazos extendidos hacia lo alto de los *Burgueses de Calais* de Rodin y la figura central del *Día* de Hodler, muestran o parecen expresar –o mejor, expresan realmente– un determinado sentimiento; pero más allá de ello los gestos señalan algo indeterminado espacial y conceptualmente o un ser no localizado. Dicho con más precisión: no señalan en general, sino que están simplemente allí; tienen, considerados desde el punto de vista de las categorías de lo externo, algo vago, que no sólo no posee muchas significaciones sino que en general carece de significación. Por eso se diferencian de los movimientos de expresión propiamente dichos. Pues éstos proceden de dentro y les es inesencial el modo como su apariencia se introduce en el mundo externo. Pero siempre parten de un impulso particular, señalable por el contenido y delatan con su coloración el carácter de la individualidad: pero ésta es accidental pues no son movimientos de la vida en su generalidad sino que siempre tienen un sentido objetivo aunque proceden de dentro. Aquellos gestos, en cambio, no transcurren en algo espacial y objetivamente no fijado sino que provienen de lo no fijo. No están atraídos por este o aquel fin o sentimiento sino que se hallan soportados por la movilidad vital en su totalidad. Me parece que el movimiento de las manos del *Homero* de Rembrandt pertenece a esta serie, aunque es evidente que al moverlas mide sus versos. Esta peculiar vecindad con una dirección designable por una corriente vital inmanente, que sólo se puede caracterizar desde fuera y con negaciones, es la misma que hemos señalado en aquel tipo de visión. En ciertos retratos de Rembrandt irrumpe del modo más inequívoco, tal como en el retrato del *Espiritual* de la colección Carstanjen, de Bruyningh, y en muchos cuadros de Tito y autorretratos. Es cierto que la mirada se fija en un punto; pero al mismo tiempo ve algo que no se puede fijar. No pensamos aquí en algo así como la mirada del Niño Dios de la Madonna

Sixtina, que no se dirige a ningún objeto determinado. Pues se encamina a lo infinito pero no a lo inespacial. Aquélla, en cambio, se fija en algo finito y tiene al mismo tiempo una pura cualidad interior que se refiere a lo externo tan poco como la religiosidad de Rembrandt, según su último sentido, o como su luz, tanto si procede de otra parte o del cuadro mismo (véase más adelante); su trascendencia es inmanente. Es manifiesto que Wilhelm von Humboldt pensaba en semejante mirada cuando caracterizó la impresión que producía el anciano Goethe así: "Encontré sus ojos muy cambiados; no empañados, pero sí con la pupila rodeada por un amplio círculo azul pálido... era como si al mirarlos, yo los atravesara, como si fuera un ojo de otra luz y de otro sol". Esta clase de inmanencia, esta presencia de lo anímico como pura cualidad de su portador –que de otro modo siempre aparece en relación con algo que le es externo– pertenece a lo más profundo y decisivo de Rembrandt. El medio por el cual logra representarla se sustrae al análisis. En todo caso, se podría citar como uno de ellos la extinción del brillo en los ojos. Este constante ver cada vez más lejos, que se presenta como un producto accesorio de la visión, a un objeto determinado, es un símbolo de la vitalidad, que no se satisface con ningún contenido particular, ni siquiera con los subjetivo-individuales, sino que por debajo o por encima de cada uno fluye hasta lo infinito. Con lo cual precisamente se expresa el hecho de que en general no fluye hacia nada, porque no depende de un *terminus ad quem*. En sentido conceptual, que se orienta a un objeto, esta mirada actúa de una manera indeterminada; pero en el sentido de la vida es algo en absoluto seguro. El punto fijo es el símbolo de la constancia y el aislamiento exterior que corresponde al principio de la forma y de la determinabilidad engendrada por el contacto entre lo interior y lo exterior y que no se pone en cuestión cuando la vida expresa su puro ser por sí.

Es instructivo oponer todo lo dicho a la tendencia del Barroco que se esforzó por presentar los sentimientos de las personas del modo más unívoco y comprensible y darles aquella *espressione* que se puede aprehender con conceptos: para esto el ojo no es en general un medio verdaderamente útil. Pues siempre por detrás de su reacción a una existencia singular anuncia –como no lo hace ningún otro órgano singular y móvil– una totalidad de vida anímica que nunca se agota completamente (por más que el hombre trivial se aproxima a ello) en la indicación de una situación o afecto. La circunstancia de que el ojo hable significa propiamente que dice más que lo que se puede decir. Su expresión fluye de una manera más inmediata de la oscura inefabilidad del alma de lo que podría ser utilizado por el arte barroco, con su aspiración por lo carente de dobleces y malos entendidos. Atiéndase por ejemplo al hecho de cuánto descuida Vasari en sus críticas de pinturas a la expresión de los ojos: a lo sumo habla de *occhi fissi al cielo* o en general de una mirada inmóvil cuyo significado no está en su vida sino en su posición. En Rubens es particularmente llamativa la frecuencia con que mantiene a los ojos en una chata universalidad. El barroco no tenía sentido alguno para la dimensión en profundidad del ojo, que llegó a ser absoluta, por decirlo así, en la mirada inespacial de los personajes de Rembrandt.

El tono sentimental

Si en los fenómenos ofrecidos por Rembrandt se pudiera hablar, en conexión con esto último, de "tono sentimental" –por ser el tono sentimental algo personal e íntimo y quizá único, puesto que se ha extinguido cualquier particularidad de los contenidos de la representación– quizá sería posible caracterizar de un modo todavía más claro a muchos de los cuadros de múltiples figuras pertenecientes a este tardío grado de su desarrollo. Pues ya no se mezclan sensaciones de la vida que son palpables y diferenciadas, y en las cuales la individualización alcanza una forma superior porque disuelve su precisión anterior en una zona de flotante atmósfera. En la *Novia judía* las formas se asemejan a los sonidos de un acorde que no existe fuera de los sonidos particulares, pero que dentro de él están en una forma en la que no se los puede señalar *pro rata* como sonidos singulares. Una vida delicada y calmosa que está entera en cada una de las dos figuras se perpetúa en su continuo pasaje a la atmósfera común que las rodea. El ser por sí de los individuos ha ingresado en un todo superior, cuya peculiaridad se vuelve a sumergir en ella y se alimenta con la final universalidad de su vida. Si el concepto de superación reúne con derecho sus dos significaciones, de otro modo opuestas, ello ocurre por la relación en que en estos cuadros tardíos la propia individualidad del hombre posee una esfera niveladora y se refieren a la elevación y profundización de una vida disuelta y en disolución. Semejante circunstancia es posible porque esa esfera está por encima de la individualidad: es la forma por la cual la esfera misma está en la individualidad. Y también se comprende el hecho de que la actualidad, la situación y los gestos singulares que en los retratos tempranos se refieren al modelo, parecen irse recogiendo cada vez más, como para dejar lugar a la interioridad absoluta y a lo supra-momentáneo. Los atributos externos, vinculados al comienzo con el movimiento y el *habitus* expreso de la persona, aparecen cada vez más como un añadido idealmente indiferente que sólo tienen el derecho de estar en el cuadro por fundamentos pictóricos o intereses técnicos. El movimiento momentáneo se pierde cada vez más en un reposo que, por cierto, incluye una movilidad supra actual e interior que no se vincula con variación alguna. El *Staalmeesters* muestra todavía un movimiento de la figura singular adherido a la mirada. Pero en la *Novia judía* los gestos del hombre y de la mujer, que considerados exteriormente sólo son pasajeros, tienen sin embargo un carácter muy diferente. El modo como el hombre se inclina hacia la mujer y la abraza, la manera como su mano se apoya en ella, poderosa y al mismo tiempo suavemente, no son movimientos pasajeros. Tampoco son gestos típicos que, como en el arte clásico, tengan un significado universal más allá de estas personalidades.

Corresponden total y absolutamente al individuo; pero se constituyen en esa capa en la que su vida, al disolver en lo singular todas las determinaciones que se le refieren, se eleva corno una esfera homogénea del fenómeno. Esta vida envuelve dos configuraciones vinculadas, y su altura misma, elevada por encima de las formas anteriores de la individualización de Rembrandt, se torna todavía más penetrante por la circunstancia, lógicamente inexpresable, de que se funde en una vida común sin confiar su punto originario a una configuración singular.

El destino del hombre y el cosmos heracliteano

El hecho de que en Rembrandt la corriente de la vida, que se individualiza y constituye series unitarias de un modo singular, soporte la impresión específica de sus retratos significa cierta limitación de su concepción del hombre que se distingue claramente de dos tipos de estilo: el de Miguel Ángel y el de Rodin. Lo típico clásico en Miguel Ángel capta de manera peculiar la totalidad de la vida; pero el concepto de vida no está entendido como la serie histórica del devenir de una existencia singular, sino que tiene por sujeto a la humanidad y por contenido a todo lo que en el sentido más amplio, tanto interno como externo, se puede llamar destino. Las fisiognomías de las configuraciones de Miguel Ángel tienen absolutamente el carácter clásico general y de ningún modo llegan hasta lo personal. La configuración entera, con toda su formal concisión, calmosidad e inclusive gravedad, está conmovida por la vida en general, por la vida como destino, en la cual se introduce todo el enigmático entrecruzamiento o solidaridad que el concepto de destino nos impone entre lo que nos es más íntimo y los poderes exteriores a nosotros. Estas configuraciones son como los canales a través de los cuales fluye la fatalidad de la existencia en general. Su vida es la de la humanidad, que está por cierto concebida desde una cosmovisión y un modo de sentir muy determinado y que para una configuración singular e individual no es más que el vaso o el símbolo incapaz de contener la peculiaridad de esa corriente vital. Del mismo modo como las configuraciones de Rembrandt estaban más allá de la posibilidad o imposibilidad de la comparación, porque sin más eran únicas, también lo están las de Miguel Ángel, aunque por la razón opuesta, porque son absolutamente universales. La universalidad formal del clasicismo está sostenida ahora por la universalidad de la vida y ha encontrado su más profunda fundamentación. Surge del sentido último, según el cual cada configuración es al mismo tiempo la revelación de la vida que trasciende a cualquier forma individual: es, en general, destino. Y tampoco las configuraciones de Rembrandt exponen un destino particular y contingente de la persona, sino que su destino es la vida entera, y precisamente la vida entera de ella es la individualidad plena de su curso. En cuanto destino del hombre, no está suspendido por encima o por debajo de los individuos sino que le pertenece siempre a ellos mismos. Fluye un devenir que es la totalidad de la vida y que nada sabe de alguna profunda fuente o de algo que la preceda o trascienda; pero según su realidad y sentido es única y una *causa sui* individual.

Si el destino significa que un acontecer universal e independiente del sujeto está sin embargo en relación teleológica de sentido positivo o negativo con la dirección más propia de la vida del sujeto, es manifiesto que esa relación tendrá, para los hombres del Renacimiento, la forma del contraste. Hay dos posibilidades: o es una personalidad orgullosa, basada sobre sí misma, con el sentimiento de ser dueña de su destino y de sus inclinaciones singulares y se convierte en la segura poseedora del reconocimiento y del honor que viene de sus semejantes; o lucha contra el destino, como un poder contra otro poder. Tal es el caso de Miguel Ángel que lo representa en el instante en que se inicia la lucha. Y a pesar de que el destino lo ha subyugado sigue siendo un enemigo: su actitud es la de alguien que puede ser encadenado por la fatalidad externa, pero no vencido. Lo que muestran los hombres de Rembrandt es justamente la unidad, jamás representada de este modo, de persona y destino. Aquí se manifiesta la referencia al sentido propio e íntimo de la vida, a través del cual el acontecer objetivo llega a ser, para y en nosotros, un destino, de tal modo que el hombre aparece total y absolutamente determinado y configurado por él. Pero no por eso llega a ser aindividual y nivelado; al contrario, su ser para sí mismo y la interior incomparabilidad se abre a la existencia. Podría decir que la intimidad –que, en general, caracteriza todas las representaciones artísticas de Rembrandt– consiste en la relación entre el hombre y su destino, por grave o trivial, tierno o quebradizo que sea; pues lo que determina al hombre no es lo que se enfrenta, sino lo que se aproxima al destino. Por esta razón el destino de las configuraciones de Miguel Ángel tiene que ser universal e impersonal y se debe desplegar a partir de los fundamentos y lejanías cósmicas que destierran al hombre, tan pronto como ha encontrado el centro de sí mismo, a lo que se le opone y le es ajeno. Y por eso el individuo, al soportar tal destino y pedirle una contraseña, sólo puede ser un símbolo supraindividual y ampliado hasta la humanidad misma. Así se tuvieron que formar los partidos para que se haya podido mostrar la altanería y el encadenamiento de Prometeo. La relación de proximidad en que la vida y el destino personales no se separan corresponde, como expresión religiosa de ella, a la devoción de las configuraciones religiosas de Rembrandt que es una natural penetración de la existencia en la relación con lo Absoluto, lo que no exige, en modo alguno, una despersonalización panteísta. Pues, aunque se piense que el destino ha sido enviado por Dios, no se podría amoldar tan incondicionadamente con la vida si no fuese tanto la causa como el efecto de su peculiaridad. En cambio por su esencia las configuraciones de Miguel Ángel son específicamente impías. Cuando, desesperado, dice en su vejez que su arte lo ha atraído con halagos hacia un falso camino, alejándolo del cielo y del amor que desde la cruz extiende los brazos *a prender noi,* no sólo sentía el encadenamiento sensible y terrenal del arte frente al llamado que viene de lo supramundano y del eterno destino del alma, sino que su arte abrió más hondamente el abismo entre el hombre y lo que es más que hombre –llámese destino o Dios. No es que Rembrandt haya allanado el contraste con una reconciliación: una simple mirada a los autorretratos de su vejez desmiente esta fórmula. En ellos es visible una tirantez casi angustiosa de los rasgos en conmovedor contraste con su flojedad grasosa. Del destino sólo admitió la forma de su enfrentamiento, que es vivido con amargura y pena a lo largo de la existencia individual realmente vivida.

A partir de estas constelaciones se comprende por qué las configuraciones de Miguel Ángel, no obstante su poder y plenitud, impresionan como faltas de libertad. El destino y la vida, por el hecho de no ser los únicos y propios de ellas, sino los de la humanidad en general, las violentan: quisieran resistirse y sacudir ese destino; pero no pueden porque su propia esencia es sin embargo la esencia de la humanidad. Ciertamente hay aquí una contradicción conceptual, algo que lógicamente es incompatible, pero que la tragedia irreconciliable de estas configuraciones permite expresar. Las de Rembrandt, en cambio, sin los gestos heroicos y la monumental potencia de aquéllas –puesto que se muestran como encogidas y aplastadas por poderes exteriores–, permiten sin embargo que se sienta un punto de libertad. No han de luchar contra poderes invisibles que las arrastrarían contra un destino de la vida humana en general y por tanto exteriores al individuo que lo resiste. En todos los hombres de Rembrandt, que con frecuencia son pequeños burgueses, hombres de mala raza judía, seres espiritualmente poco elevados, hay una especie de soberanía que no reside en la conciencia de ellos sino en su captación por el artista. Ha mostrado la manera como en las figuras ideales de cada hombre reside la libertad y el autodominio, tan pronto como el momento concebido en el cuadro surge realmente de la continuidad de su vida. Tal es lo que corresponde al concepto de libertad de sus contemporáneos: existir y obrar *ex solis suae naturae legibus*. Se trata pues de una génesis que ha reunido el curso entero de su devenir y que únicamente a partir de ella –aunque le fuera impuesto desde fuera y pasivamente– puede llegar a ser y concebirse. Por supuesto se tiene que contar con la renuncia a toda ampliación que llegara hasta lo humano-universal. Las configuraciones de Miguel Ángel la viven profundamente cuando desde una perspectiva particular concebía que el destino de la humanidad quiebra los límites de la existencia individual. Lo que vemos no es una corriente que fluye desde un manantial hasta llegar a una desembocadura, sino la elevación de la ola de un mar en la que se intuye su ley general. O más precisamente: no vemos una ola propiamente dicha, sino que a través de ella, como si fuese transparente, vemos el mar entero.

No se trata de un *plus* o un *minus*, inevitables en la comparación de personalidades artísticas, pero que desde dentro son contingentes. Se trata de que lo positivo de cada una de estas concepciones del arte o incluso de la vida está muy íntimamente ligada con la condición que excluye a la otra. Si en Miguel Ángel está la gravedad, la resistencia y la falta de salvación del destino del hombre en general –del que palpablemente participa cualquier configuración que se extienda más allá de la limitación individualística de la representación de Rembrandt–, en Rodin el círculo que encierra a la individualidad se estira todavía más. La intención del sentimiento ya no reside en un destino de la humanidad como tal sino en el ritmo del movimiento del acontecer cósmico. El arte de Rodin, en cuanto es originario y creador, está bajo el signo del moderno heraclitismo. Para la imagen del mundo así designada, toda la sustancialidad y constancia del aspecto empírico de las cosas se ha trocado en movimiento. Un *quantum* de energía atraviesa con incesantes transformaciones al mundo material; o mejor dicho este mundo es la energía. A ninguna configuración le es permitida ni la más pequeña medida de duración y cualquier unidad aparente de su contorno sólo es una vibración o el juego ondulante de un cambio de fuerzas. Las configuraciones de Rodin son elementos de un mundo así sentido; los contornos y movimientos del cuerpo simbolizan el alma que se siente interiormente desgarrada por una infinidad de nacimientos y muertes: en cada instante se halla el punto en que el llegar a ser y el dejar de ser se encuentran. La forma en el sentido de lo clásico está por tanto tan disuelta como en Rembrandt; pero el devenir de la vida y del proceso no realizan al mismo tiempo la solidez de un sentido totalmente nuevo ni tampoco la seriación de la individualidad. Las oscilaciones y el torbellino del acontecer cósmico no llegan a esta individualidad (hablo aquí de los actos y no de los retratos de Rodin, que exigen una interpretación más complicada). Los tres tipos de estilo, que al mismo tiempo son símbolos de tres conceptos universalisimos de la vida, se pueden caracterizar por sus relaciones con el tiempo. A la forma clásica la designo como intemporal, porque se contrapone a la sucesión del proceso de la vida, en virtud de ser una abstracción de sus contenidos o resultados. Una vez que ha conducido al desarrollo del movimiento o de la vida hasta su configuración, ya no existe para ella –desde el punta de vista de la configuración artística pura– ningún antes ni ningún después. Por razones opuestas también en las creaciones de Rodin está excluido el tiempo. Pues para que una estructura tenga validez temporal tiene que ser en algún sentido unitaria y permitir que en ella se sienta un antes y un después. Un tiempo que sin más fluye, que carece, por así decirlo, de memoria, no será tiempo alguno sino un ahora desprovisto de extensión. Sólo hay tiempo cuando se ofrece una forma en la que el pasado ha logrado cierta síntesis con el presente. Pero el mundo de las configuraciones de Rodin es (según su idea, a la que naturalmente la intuición sólo apunta desde lejos) el de un absoluto fluir, el de la superación de toda constancia que permita marcar un antes y un después, es decir un tiempo. El momento fugaz de la vida está conjurado, de modo que en realidad sólo se siente su fugacidad; tanto el antes como el después se han sumergido en una impenetrable oscuridad. La movilidad absoluta, en la que se desgarran las almas y en que los cuerpos vibran y se encabritan, se contraen y vuelan, son hechos con los que Rodin niega el tiempo tanto como el principio formal del clasicismo lo había negado al retroceder frente a toda movilidad. El absoluto devenir es tan ahistórico como el no-devenir absoluto. En esto estriba lo que separa la concepción del hombre de Rodin de la de Rembrandt. En Rodin el hombre se resuelve en el estremecimiento y despliegue del devenir; por decirlo así sólo existe en el momento heracliteano del proceso –pero no podemos advertir cómo este momento ha llegado al ser. También está separado de su propio pasado, lo cual quiere decir que no tiene individualidad alguna. Es el mismo sentimiento vital que se encuentra en los versos de Verlaine:

Et je m'en vais
Au vent mauvais
Qui m'emporte
De ça, de là
Pareil à la
Feuille morte.

Rembrandt, en cambio, hace visible el nexo entre la individualidad y lo temporal histórico. Por una parte, las momentos del devenir absoluto se deben ordenar en un antes y un después que se cumplen en unidad acorde, en algo que, en cierto sentido, es firme. Si se ocultaran radicalmente en su ser temporal que pasa, no podrían llegar a esa ordenación y relación que presupone cierta conexión. La individualidad de lo viviente se presenta como una consistencia ideal en la que los momentos del devenir, que aparecen y se ocultan, se ordenan en cierto modo. Ya no son átomos no localizados de la existencia, sino que como estados de uno y el mismo individuo (lo que no se debe interpretar como sustancia inmóvil, sino como la peculiar identidad de lo viviente consigo mismo) no se pierden unos para los otros –como ocurriría desde el punto de vista del mero remolino cósmico-mecánico– sino que el uno es realmente anterior o posterior al otro. Únicamente en virtud de ser momentos del desarrollo de una individualidad se reúnen y ordenan en serie temporal. La individualidad, al contrario, sólo es pensable mediante la serie de sucesión histórica de los momentos de la vida, sucesión ésta que renuncia al carácter absoluto del devenir –con la salvedad de que no signifique la acentuación del ser particular o la unidad cualitativa sino que, como en Rembrandt, caracterice la continuidad de una vida unitaria, en la que cada instante presupone todo el pasado y fundamenta la totalidad del futuro y de que cada uno signifique la forma en que se expone la totalidad de esta vida. Semejante sentido de la individualidad se puede realizar mediante la conexión temporal de los momentos de la vida; pero no por su atomización en los movimientos absolutos de un mundo indiferente a toda conexión. El sentimiento de la existencia y del destino por los que Rodin configura sus actos están adheridos a semejante mundo; por eso, según su idea, no conoce ninguna síntesis temporal que resulte de otra expresión del pensamiento de la individualidad. Puesto que el orden del tiempo condiciona la individualidad y al mismo tiempo ésta a aquél, ambas se revelan como siendo una formación de la vida considerada desde lados diferentes. Aquí se muestra inequívocamente cómo la concepción individualística del hombre en Rembrandt está dominada, al mismo tiempo, por la historia del hombre y cómo se separa tanto de lo clásico supratemporal como del intemporal Rodin. Si recordara una vez más la superación, anteriormente acentuada, de la momentaneidad aisladora por la totalidad fluente de la vida, diría que en Rembrandt el camino se extiende desde el momento a la totalidad del destino individual, que es temporal, mientras que en Miguel Ángel y Rodin se llega a la totalidad del destino humano o del cosmos que, a nuestro parecer, es intemporal. Pero, mientras que lo clásico, en su realización a través de Miguel Ángel, hace patente la eterna imposibilidad de la liberación del destino del hombre, precisamente por la intemporalidad de la configuración, Rembrandt las excluye de esta amplitud supraindividual y las introduce en su destino personal. Mediante el curso fijo y unitario de su temporalidad individual pudo apartarlas del destino cósmico en que están y se disuelven las configuraciones de Rodin. Así como lo configurado por Rembrandt, frente a las realizaciones de Miguel Ángel, tiene algo de libre pero también de desvinculado de lo universal-humano, así también frente a las de Rodin se muestra una última seguridad interior de la que éstas carecen por completo y por la que las configuraciones desarraigadas de la tormenta y la opresión de la existencia llegan a ser impersonales. Pero siempre esta elevación es una vida cósmica que se encamina al mundo (dejando de lado el problema de si ha sido formulada de una manera tan definitivamente justa). No se les permite ningún residuo de un ser por sí mismo: sólo son oscilaciones de un mundo heracliteano a cuya totalidad corresponden únicamente cuando abandonan cualquier sustancia y unidad vital en manos del mero instante absoluto. Las configuraciones de Rembrandt obtienen la conservación de la unidad y continuidad autónomas a costa de no excitar en nosotros el peculiar sentimiento de lo cósmico.

Lo dicho no significa, naturalmente, la existencia de un vacío que debiese ser llenado con otras cualidades ajenas a las de Rembrandt. Antes bien, se trata de la expresión negativa de la positividad de su esencia, que no se enriquecería, aunque desde otro punto de vista sería diferente, sino que se tornaría extraña a sí misma y llegaría a ser contradictoria. Lo mismo ocurre, con expresión diferente, con la esencia creadora de Rembrandt, que prolonga el rasgo aludido desde lo esencialmente sentimental hasta lo más espiritual.

Ni en Rembrandt ni en Shakespeare (por paradójico que sea tratándose de éste) se busca como en Dante y Miguel Ángel, en Goethe y Beethoven "los grandes objetos de la humanidad". Lo grande y lo profundo, lo delicado y lo conmovedor de la vida humana misma, en su intimidad y en la determinación que el destino le otorga, son objetos suyos. Ni Rembrandt ni Shakespeare se enfrentan al mundo entero y a la eternidad de sus leyes y de su suerte, tal como ocurre con Dante y Goethe o como a través del reflejo de la subjetividad lo hacen Miguel Ángel y Beethoven. La tarea con la que concluyen las representaciones artísticas de Rembrandt o de Shakespeare es la vida con sus particulares especies de plenitud subjetiva, en la medida en que dentro de esta plenitud se encuentra el destino como fundamento de determinación. Pero el hecho de que la vida se pueda instalar, por decirlo así, más allá del acto de ser vivida y de su movilidad y profundización sentimental o voluntaria, religiosa o fatal –desde el momento en que se constituye en objeto y con ello en grandes ideas y totalidades supraindividuales para las cuales se vive– hace que sus obras no la expresen ni en forma de saber ni de pasión o de necesidad. Cuando Dante se agota en el inaudito anhelo de copiar el plano universal del más acá y del más allá, cuando Goethe encuentra el sentido de su existencia en alcanzar el Dios Naturaleza, tanto en la unidad como en el desmembramiento de todo lo que aparece, cuando la Capilla Sixtina y la tumba de los Médicis, la *Quinta Sinfonía* y la *Appasionata* delatan la ilimitada lucha por la libertad y la luz, por la suprema elevación de lo terreno y por encima de lo terreno, la vida está detenida por la magnitud de lo objetivo. La obra de Shakespeare y de Rembrandt se decide por la magnitud y profundidad, por el milagro de la individualidad y la belleza de la vida que sigue siendo fiel a sí misma. Pero tal decisión no debilita sino que fortifica su potencia, porque nos rodea en la vida con todo el destino, los acontecimientos y la intuitividad de las cosas y las fuerzas. Y en la medida en que la vida está allí, en virtud de sí misma y como lo absoluto con respecto a todas sus relaciones, se revela, aun estando sometida a aquellos datos, con una profundidad todavía más amplia y grande que cuando se la domina. La ordenación en magnitud, en que se encuentran los portadores de estas direcciones contrarias, convierte a todo rango establecido según su cantidad de valor en algo por completo inmedible. Sólo se trata de la pura fijación de las intenciones creadoras totales que, por lo demás, son cúspides de las oposiciones caracterológicas de las capas más inferiores e improductivas. La gran separación está en que el sentido decisivo de la creación artística –que no coincide con la intención consciente de las personalidades creadoras ni con las eventuales exteriorizaciones de lo creado, pues su portador es más bien el creador del todo de la obra como tal y una forma ideal tiene verdad pero no realidad– se aplique y abandone a los "grandes objetos de la humanidad" o que tales objetos se presenten como un rodeo de la vida, que vive por sí misma y evita su más pura concentración. Tal diferenciación determina el lugar que Rembrandt ocupa, por su actividad artística y sólo por ella, en la historia del espíritu de la humanidad.

Capítulo III
El arte religioso

La religión objetiva y subjetiva en el arte

En la historia del hombre, la esencia de la religión aparece en dos formas fundamentales. Pues lo que la situación religiosa objetiva ofrece es a Dios y a los hechos de la salvación, al culto y a la Iglesia; y frente a ello el individuo se puede comportar de un modo pasivo o creador; puede buscar su propia salvación o llegar a un abandono impersonal. Se introduce así una doble corriente en la esencia de la religión que puede desembocar en su escisión casi completa. Por un lado está la objetividad de los hechos religiosos o eclesiásticos, que constituyen un mundo encerrado en sí mismo, construido según leyes propias y cuyo sentido o valor es por completo indiferente al individuo, a quien sólo se le permite el poder elevar hacia ella sus ojos. Por otro lado, está la religión que se ha trasladado exclusivamente a la vida interior del sujeto; o más precisamente: está la religión que existe como vida interior del sujeto. Aquellas trascendencias y cultos pueden o no ser realidades metafísicas; pero todo lo religiosamente significativo yace ahora, en absoluto, en las cualidades y movimientos de las almas singulares, que o bien se liberan de aquéllas o bien les confieren sentido y vida. Allá lo religioso significa el decisivo contraste y una posterior absorción de lo divino y anímico; aquí lo religioso es el alma misma, que fluye desde una profundísima productividad y responsabilidad individual, aunque como ser religioso, posea en si misma una consagración suprasubjetiva.

La más grande realización histórica de aquella objetividad del mundo religioso es la del catolicismo; la que correspondería a la otra dirección fundamental de la existencia religiosa no encuentra un lugar en la historia. Ello es comprensible. Pues las formas a través de las cuales la religión llega a ser algo histórico y visible, dogma, culto, Iglesia, sólo entran en consideración de modo a lo sumo secundario entre aquellos para quienes la religión consiste en una vivencia o en una conducción y coloración de la vida en general o en una inmediata relación del alma con Dios, es decir en una relación tal que por ser religiosa sólo se puede desarrollar en el alma misma. Evidentemente esta especie de religiosidad no sale fuera del individuo y por eso no constituye un fenómeno histórico general. De ninguna manera se puede decir que el protestantismo la represente. Pues también éste cuenta con hechos religiosos por completo objetivos, que en lugar de tener su puesto en el alma religiosa son un objeto de ella; considera el gobierno del mundo por un Dios personal, la redención que Cristo ha logrado para el hombre, los destinos a que el alma llega a través de la estructura objetivo-religiosa de la existencia. Si la religiosidad subjetiva se llevara a cabo de un modo totalmente real (lo que jamás ocurrió, como tampoco existió nunca una mera religión objetiva, ya que cada una de estas formas aparece siempre con cierta mezcla) existiría en el proceso de la vida misma, tal como el hombre religioso la vive en cada hora; pero carecería de contenidos y creencias en realidades cualesquiera.

Estas dos corrientes opuestas de la vida religiosa en general no han dividido al arte cristiano con una precisión partidaria; pero su pureza o su mezcla forman una escala en la que cada cuadro religioso encuentra un lugar determinado. El arte bizantino introdujo la representación plenamente objetiva del mundo trascendente. En los mosaicos de Ravenna, las personas y símbolos de los misterios cristianos están caracterizados en su sublimidad meta-cósmica con una total indiferencia del sujeto humano que los experimenta vitalmente. Los hombres de esta religiosidad, incluidos los artistas, se han dessubjetivizado completamente: ante ellos hay un cielo de Dios, el poder de un ser autónomo hasta lo inaudito y para cuya representación el sentimiento individual y el destino interior no tienen referencia alguna, ni como punto de partida ni como punto de llegada. Lo que se ha llamado su carencia de vitalidad significa su separación del proceso de la vida por ser ésta algo terrenal. Por eso en semejante arte no hay déficit alguno que sería posible remediar con un añadido y no obstante la negatividad de la expresión designa la más extrema positividad de esta esencia religiosa y artística, que rechaza obligatoriamente a su contrario lógico la dirección a la vida individual. En el *trecento* se alcanza otro grado de aquella escala. En Duccio, en Orcagna y en otras muchas figuras menores de sus contemporáneos, corre a través de la cerrada solemnidad de los cuadros sagrados un tono de humanidad lírica. Lo trascendente no sólo es lo que se opone y gobierna como poder objetivo al hombre, sino que éste recibe de él una movilidad propia. La expresión de la vida religiosa ha encontrado, por delicada y recatada que sea, un camino para la representación artística de los hechos trascendentes. La relación entre la religiosidad objetiva y subjetiva se vuelve a desplazar en las configuraciones del Renacimiento superior. Su mayor vitalidad y naturalismo no permiten en modo alguno que la configuración aparezca como exteriorización de una dinámica interior y religiosa. Prescindo de Miguel Ángel, que, desde este punto de vista, ocupa un puesto por completo aislado y atípico. Pero Leonardo y Signorelli, Rafael y Fra Bartolomeo son, en sus cuadros sagrados, de una asombrosa objetividad. A mi parecer se acercan más a este polo de la escala que el *trecento*, por más que éste se diferencia, tanto por la torpeza como por la dignidad sacral, del *cinquecento*. Por eso no se tiene la impresión de que la vida religiosa por sí misma haya contribuido en estas composiciones. Aun cuando el puro interés pictórico no haya hecho impalpable a todos los otros agentes del alma, la intención religiosa se encamina, sin embargo, exclusivamente a la representación de una existencia celestial o histórica que está determinada por el centro de ella o por su derecho profundo, pero no por la devoción, el anhelo o el abandono de un alma. La capacidad propia del espíritu humano de pensar o elevar los ojos a lo que está frente a él, con prescidencia de sí mismo, es también poderosa en el dominio religioso. Y éste es el poder que sin reservas se ha conservado en el arte del Renacimiento. También cuento a Rubens, cuyo *Altar de San Ildefonso,* en virtud justamente de su completa mundanidad, es la elevación de la objetividad religiosa hasta su cumbre. La Señora del cielo muestra la misma existencia noblemente representativa que el príncipe que le rinde homenaje; entre ellos sólo hay una diferencia de grado dentro de la misma dimensión aislada por lo bajo. Y la circunstancia de que la representación de lo divino esté determinada por una religiosidad humano-personal sería tan impropia como en la concepción de la época lo habría sido el hecho de que los súbditos eligieran inmediatamente al emperador –al modo como el jesuita Oliva en su prédica pronunciada en la corte papal designaba a la Virgen con los nombres de "princesa" o "emperatriz". La absoluta sublimidad de la existencia divina está, ciertamente, en estos casos, humanizada; pero, como tal cosa ocurre por el *cachet* sociológico de la nobleza, el rechazo de toda religiosidad interior al alma del sujeto que se manifieste en la vida de las configuraciones artísticas ha llegado casi a la forma de lo ofensivo.

La devoción

En el otro extremo de esta escala está Rembrandt. Todos sus cuadros, grabados y dibujos religiosos tienen un solo tema: el hombre religioso. No torna visibles a los objetos de la fe y cuando representa a Jesús lo hace sin que tenga jamás el carácter de una realidad trascendente sino empírica y humana: es el que ama y enseña, el que duda y padece en Gethsemani. En el arte de Rembrandt se oculta la existencia de lo santo cuya sublimidad objetiva sólo podría ser admitida por el creyente e irradiar desde él; lo religioso que Rembrandt invoca en el fenómeno artístico es la devoción, tal como se engendra con muchas variaciones, en el alma del individuo. Puede esta alma estar excitada por poderes trascendentes o abrazada y determinada por la existencia divina; pero Rembrandt no lo muestra. Se refiere, en cambio, al estado que el alma, presuponiendo todo esto, produce en sí misma, con sus fuerzas específicas; un estado que exclusivamente puede existir en el alma humana y expresarse en cuerpos humanos y terrenales. Todos esos objetos trascendentes de la fe pueden existir y, dentro de su absoluto poder, el hombre individual y sus estados puede ser un disperso grano de arena y algo objetivamente indiferente; pero la religión sólo nace cuando se establece la relación de un alma humana con estas trascendencias, y en todas las circunstancias la religión es el interés que esta alma toma en una relación que sólo existe para ella. Teóricamente expresado es éste el presupuesto fundamental del arte religioso de Rembrandt. Por primera vez en la historia del arte, esta corriente originaria de la religión ha sido llevada a su más puro predominio. Cualquiera que sean los contenidos de su fe, su base metafísica o su sustancia dogmática, la religión será siempre una actividad o una consistencia del alma humana. En las pocas estampas en que Rembrandt representa a Dios Padre se nos aparece como una figura insignificante y mucho menos profunda e interesante que el hombre; naturalmente... pues Dios mismo no es devoto.

Junto a Rembrandt sólo se podría citar a Fra Angelico, puesto que en él el hombre devoto como tal llegó a ser un problema de representación artística. Pero el contenido religioso es algo universal que flota por encima de los individuos y actúa dentro de ellos: la experiencia vital que el individuo tiene de esos contenidos es receptiva. El dogma está demasiado trabado con el puro proceso psíquico del ser devoto como para que pueda ofrecer algo más que un presentimiento de las formas suprahistóricas de la devoción, tal como Rembrandt las expresa. En la Edad Media en general la devoción está vertida como una sustancia que atraviesa a los hombres singulares. Naturalmente en genios religiosos tales como San Francisco y Eckhart el movimiento propio del alma se opone a los valores religiosos que han llegado a ser objetivos; pero precisamente en los casos en que ese movimiento irrumpe de las profundidades últimas de la subjetividad puede faltar la coincidencia con ellos de un modo que no carece de riesgos. En las configuraciones religiosas de Rembrandt la devoción se vuelve a engendrar en los fundamentos últimos de cada alma. Los hombres ya no están en un mundo objetivamente devoto sino en un mundo objetivamente indiferente y devotos sólo son ellos, en cuanto sujetos. La devoción medieval está siempre ligada de inmediato con su objeto trascendente (porque en apariencia está dotada de cierta empiria sensible). Si a estos hombres les faltara su Dios no serían –prescindiendo de los genios religiosos– devotos, lo cual no ocurre con Rembrandt. En cambio seguirían siendo devotos aunque no existiera ninguna vida terrenal con contenidos propios (lo que aproximadamente se realiza y comprueba por los santos y la vida claustral); mientras que si pensamos en las configuraciones de Rembrandt no podríamos representarnos semejante situación. Se alejan lo más posible del principio de lo claustral que anula en esencia a los contenidos de la vida. Innumerables veces representa escenas bíblicas que no se podrían tener, por su falta de elementos dogmáticos y conformes a la fe, como pertenecientes al arte religioso: las experiencias vitales de Tobías, el caritativo Samaritano, el Hijo Pródigo, la juvenil historia de Jesús, concebida de un modo por completo profano y pequeño. Lo religioso está en la cualidad de estos hombres y reside en lo íntimo de ellos, sean inteligentes o torpes, vivaces o indolentes. Podrían creer o hacer lo que quisieran; pero tienen a la devoción como una determinación de su ser subjetivo en general, que se ilumina de un modo tanto más claro en su conducta que es terrenal por su contenido, por ser la propia coloración de sus personalidades.

La religiosidad, la forma fundamental de la vida personal, hace que una escena cualquiera de la vida pueda ser, e inclusive tenga que ser, el lugar de un tono o valor religioso, de manera que cualquiera que sea el puesto que ocupe un contenido en los otros órdenes objetivos nunca se podrá convertir en un obstáculo para la penetración religiosa. Esto es el reflejo subjetivo del panteísmo. El hecho de que en éste el ser divino, sin distinción ni reserva, soporte todas las cosas y su significación se traduce en la relación entre el sentimiento religioso y las cosas de la vida personal –con una gradación y relativización no menos esencial pero histórica de lo absoluto, desde el punto de vista del cosmos y de las personalidades psíquicas. Así como para Spinoza Dios es la causa de todas las cosas y sólo pueden ser concebidas por Él –pero no porque fuese un arquitecto exterior sino porque de antemano las cosas no son más que modificaciones de la sustancia divina–, así también en el modesto círculo vital de los personajes de Rembrandt la religiosidad no es algo añadido a la autonomía diferenciada de sus acciones y vivencias, sino que de antemano éstas acontecen *sub specie religionis*. Y así como el Dios panteísta no tiene cualidades singulares ni ningún punto de la existencia podría estar más o menos soportado o divinizado que otro, así también la religiosidad vital de tales hombres de Rembrandt no se separa en los motivos o rasgos singulares de la religión, que de algún modo son analizables. Y a esta unidad interiormente simple de la determinación vital no le corresponde la separación de ningún momento de la vida sino que los debe iluminar en su cotidianidad, pues la luz no viene de fuera –lo cual haría inevitable la diversidad de sus proyecciones– sino de dentro y con indiferencia recorre cualquier camino, siempre que surja en el fenómeno desde el fundamento de la vida. Y puesto que esta religión se adhiere interiormente a todos los contenidos, desde fuera no se adhiere a ninguno.

Pero si basándose en la impresión que produce esta conducta se llamara a Rembrandt un místico, no se atestiguaría ninguna profunda penetración en los fenómenos que llevan el nombre de mística. Lo específico de ella –dejando de lado lo que se le puede haber mezclado de otros círculos de fenómenos– es que se siente el movimiento interior de la vida como siendo idéntico con lo divino. Cuando se coloca su esencia en lo secreto, en lo profundamente oscuro, en lo que no se agota por conceptos racionales, se comete la popular confusión de lo místico con lo misterioso, que por su calidad puramente formal corresponde a todas las interioridades y exterioridades posibles. El hecho de que la vivencia, al irrumpir desde el centro más propio del alma, sea al mismo tiempo un acontecimiento de la vida divina (tal como se presenta en la doctrina de Eckhart según la cual Dios necesita tanto del hombre como el hombre de Dios); el hecho de que el místico no viva a la divinidad como objeto, sino inmediatamente y sin necesidad de despersonalizarse aunque sí de desindividualizarse (porque lo diferente a la individualidad es algo extraño y contingente que rodea al núcleo del yo personal); el hecho, en fin, de que el yo, sin perderse a sí mismo, sea, sin embargo, infinitamente más que un mero yo (lo que Plotino expresaba diciendo que el éxtasis no le viene al hombre desde Dios ni era necesario que le viniera porque siempre estaba en él) es la esencia, por cierto no sujeta a la lógica, de la mística. Pero este ardor y elevación del alma está muy lejos de Rembrandt. La coloración incomparable de la religiosidad de sus figuras está tan poco determinada por un Dios fuera del hombre como por un Dios dentro de él. Su profundidad, lo bendito de su paz o conmoción, sólo corresponden a su vida, que se desarrolla en sí misma con indiferencia de los acontecimientos externos o internos que la revelan; el ser más que lo que se es, propio del místico, es extraño a todas estas almas. Rembrandt no es un místico. Más fácil sería conceder que una vocación cristiana de la vida lo inclinaba a desenvolver una devoción de la simple existencia, para la cual, según su esencia (aunque no podamos decidir si era la propia de la conciencia de Rembrandt) es ajena a todo contenido dogmático. Tampoco conviene pensar en Lutero, que sin embargo trató de descartar la distancia entre lo sagrado y lo cotidiano de la vida doméstica. "Cuando el criado y la criada hacen lo que su amo les indica, sirven a Dios, y el hecho de que crean en Cristo, aunque barran un cuarto o lustren zapatos, le es mucho más agradable a Dios que lo que hacen los monjes, con sus plegarias, ayunos, misas y todo lo que se considera como un supremo servicio divino." Sin embargo también aquí se halla la presunción dogmática., también aquí la devoción –por hundida que esté en el fondo de la vida– consiste en la circunstancia de ser, concebida en su periferia más exterior, un medio para la bienaventuranza. (Hablaré después de este punto decisivo). No se trata de la devoción que reside en el hacer como tal, porque el que actúa es devoto; sino que es, por así decirlo, secundariamente devoto, porque se ubica en un orden de vida decretado por lo divino y acompañado por una determinada fe objetiva. Esta diferencia no por muy sutil deja de ser precisa. Los valores del más acá y del más allá lograron, por medio de la doctrina luterana, una nueva aproximación. Pero para la peculiaridad religiosa de los hombres de Rembrandt (por más que en ello se mezclen otras características y no aparezca con un predominio absolutamente puro), la cuestión del más acá y del más allá, no se presenta en general, puesto que se trata exclusivamente de algo propio del ser del alma que no se determina por ninguno de los dos lados. Por tanto los hombres de estos calmos y familiares cuadros no tienen religión, entendida como contenido objetivo de la vida, sino que son religiosos.

Por cierto que en las tendencias de Plotino, del cristianismo en parte, de Schelling y de Hegel, hay un mérito inaudito: el de haber elevado las singularidades, las exterioridades y las contingencias empíricas de la vida hasta la religión de lo absoluto, de lo santo y del sentido absoluto. En general, esta línea se encuentra en la dirección de la metafísica cósmica, por poco que haya sido realizada. Pero cuando se invierte esta directiva, se encuentra una magnitud diferente: la de la significación ideal de reconducir el valor supraempírico hasta los contenidos singulares de la vida, que no abandonan su plano. Las cosas siguen arraigadas a la tierra; pero semejante raigambre y realidad se muestra atravesada por una solemnidad metafísica y nutrida, en algún sentido, por la sangre de la razón pura. Tal es lo que aconteció con Sócrates cuando hizo descender a la filosofía del cielo a la tierra y vio en los oficios cotidianos del hombre el puesto para un significado racional-normativo; tal es lo que ocurrió con Kant cuando reconoció el valor metafísico del yo libre en la simple realización del deber. Los anteriores pintores de la devoción, Duccio, Orcagna y Fra Angelico, siguieron la primera norma: para que lo terrenal pueda participar de lo divino fue desprovisto de lo que pertenece a la tierra. Rembrandt, en cambio, dejó intacto al fenómeno en su nexo con lo terrenal y permitió que esta realidad siguiera existiendo por todas partes; pero mostró la consagración y el valor absoluto que posee debido al momento inmanente de la devoción.

Lo definitivo del valor anímico de la vida de los hombres concebidos por Rembrandt consiste en que son devotos por sí mismos y no por estar ubicados en un orden trascendente preexistente. De modo que, dicho *cum grano salis*, las objetividades religiosas, a las que la devoción conduciría como un medio o camino, como preparación o dignidad, serían presupuestos y condiciones de ella. La devoción se presenta como el trampolín que eleva a la subjetividad hasta aquellas objetividades. Ahora bien, es al revés. Y la significación del valor religioso así existente no conmovería si este contenido objetivo hablara como mera estructura subjetiva. Esos contenidos pueden ser diferentes en uno o en otro lugar, pueden estar históricamente condicionados o ser fantásticos y supersticiosos; todo ello es indiferente al ser subjetivo, puesto que sólo son los medios o la expresión de una condición y por eso mismo puede ocurrir con ellos que el mismo efecto se pueda obtener por causas muy diferentes. Lo objetivo y definitivo sigue siendo la devoción del alma, que flota libremente y que en sí misma está en absoluto segura de su ser. Por eso el viraje de ser-medio a ser-definitivo apunta a ese otro lado del significado de la devoción. Goethe había dicho que "la devoción no es un fin sino un medio para alcanzar, mediante la más pura paz del ánimo, la cultura suprema". Pero tal afirmación no es válida para los hombres religiosos de Rembrandt: esta suprema cultura está harto lejos de ellos. Para esos hombres la expresión es inevitablemente algo torcida –sería un medio porque la devoción es efectivamente un fin, el punto concluyente del valor de su existencia íntima.

Cuando se representa artísticamente a los valores religiosos en forma humana se abren dos posibilidades: o se diviniza al hombre o se humaniza a Dios. Rembrandt se aparta de esa alternativa, puesto que lo religioso en su representación artística no es la relación objetiva entre el hombre y Dios sino que es el ser íntimo y propio del hombre en el cual o a partir del cual se ata el vínculo con su Dios.

La existencia concreta del hombre y la vida religiosa

El entrelazamiento de la religiosidad con los contenidos de la vida, que en sí pertenecen a otros órdenes, deja espacio para una dirección diferente, cuyos lados no se pueden separar, con seguridad demostrable, en el fenómeno singular. Sin embargo, la concordancia del arte religioso de Rembrandt permite aclarar su separación. ¿Cómo se comportan o se deben comportar las singularidades de la vida empírica con la consistencia religiosa fundamental? Tal pregunta no ha sido respondida unívocamente por la efectividad histórica del alma. Donde existe una objetividad sustancial del dogma, la penetración religiosa de la conducta cotidiana llega siempre a un fijo formalismo. Cuando la significación ultraterrena de la existencia, su consagración total, su sentimiento y su metafísica del universo, entra en las representaciones singulares de la dogmática religiosa, entre ésta y los elementos singulares y las realizaciones prácticas del curso externo de la vida, se abre un abismo que no es posible cerrar por un crecimiento orgánico y conjunto de estas realizaciones, sino que sólo se puede sortear exteriormente por el establecimiento de una norma llamada religiosa. Pienso en el modo de vivir de los brahmanes, de los judíos rigurosamente rituales y de muchas órdenes monacales. Al prescribirse, por caminos religiosos, la comida y la bebida, la admisibilidad o inadmisibilidad de la conducta o la ejecución de cualquier práctica, el montón atomizado de nuestras acciones empíricas alcanza a constituir una continuidad religiosa; pero es innegable la contingencia con que la configuración de la vida, exteriormente constituida de este o aquel modo, se encadena con las convicciones fundamentales de lo divino. Cuando lo específicamente religioso en nosotros entra en conexión interior con las prácticas externas, se desliza en las últimas una fuente de evolución religiosa. Existen innumerables relaciones entre los hombres, cuyos lados sentimentales, sin que necesiten abandonar el dominio empírico de esas relaciones, tienen una coloración que se debe designar como religiosa. En la erótica y la amistad, en el mando y el servicio, en la relación del individuo con su linaje y familia, con la condición social y la patria y, finalmente, con la humanidad –y también con el destino, la vocación, el deber y el ideal–, se encuentra siempre una mezcla de abandono y de vida propia, de humildad y exaltación, de cálida y sensible proximidad y temeroso distanciamiento, de confianza y abandono, todo lo cual pertenece al concepto esencial de lo religioso. No en el sentido de que todo esto tuviera que mostrar una fundamentación o sanción religiosa, sino en el de que esos elementos sentimentales son los que soportan anímicamente la creación, la credulidad y los modos de comportamiento religioso, tan pronto como dejan de ligarse con el sustrato de las relaciones empíricas para crear el objeto trascendente que les es propio: un Dios o dioses. En toda la extensión de la vida empírica, y en virtud de que sus fuerzas son inmanentes, se desarrollan sentimientos e impulsos religiosos, con indiferencia de que lleven o no este nombre y de que se eleven e independicen hasta ser conceptos y formas aisladas de la religión en sentido específico o de que se permita o no que ella legitime su consagración. Los contenidos de la vida y sus vínculos son las fuentes, cuyo contorno no se puede apreciar aquí, que se reúnen con la corriente religiosa, que es semejante a un cuerpo químico cuya propia y nueva cualidad no se encuentra en ninguno de los elementos que lo componen. El enlace entre la religión y las particularidades empíricas de la vida se realiza a partir de ésta, pues la religiosidad y la religión no existen por sí mismas sino que son el carácter de ciertos acontecimientos interiores de la vida y surgen de ella.

Al lado de la exactitud corriente de ese vínculo, está su otra posibilidad funcional: que exista de antemano una concordancia religiosa en sentido puro como fundamento o como coloración de los fundamentos de la vida; que exista una dinámica que, por ser la más diversa de las categorías sentimentales, no se extiende a través de la vida para surgir después en forma específicamente religiosa, sino que es únicamente religiosa y que por sí misma atraviesa y encierra en sí lo interior de la vida y sus exteriorizaciones. El enlace entre lo religioso y cualquier hacer o acontecer concreto está dado por lo primero; la conducta y la forma religiosa no nace por el crecimiento ulterior y la reunión de los sentimientos e impulsos que desarrolla la existencia pre-religiosa, realizada en lo singular, sino que ella misma es algo primario, que reviste a esas singularidades con su dirección y tono sentimental. El primer caso sólo se muestra insinuado en el arte. Existen naturalezas muertas y muchos paisajes que muestran un recogimiento de la existencia representada por el arte, un anhelo de concordancia universal, una bienaventuranza superabundante de la existencia, junto con temor por su secreta profundidad, que no necesita surgir de fundamentos religiosos sino que o es inmediatamente idéntica a la esencia de la religión o se desarrolla a partir de ella. Los cuadros religiosos de Rembrandt revelan, empero, la otra dirección, aquella en la que la existencia singular e intuitiva se vincula con lo religioso. Ésta no es el fruto sino la raíz y la circunstancia de que lo externo o incluso lo trivial de los fenómenos se encuentre atravesado por el espíritu religioso no es un beneficio que proceda de ellos mismos sino de la formación, por decirlo así, inevitable, que les otorga el fundamento apriórico esencial: la devoción. Pues ¿cómo sería posible que no volviera a brillar la religiosidad de un contenido vital que había sido admitido y configurado por un proceso de la vida religiosa?

Con esto hemos dicho dónde se halla el punto de contacto del arte del retrato de Rembrandt y su arte religioso. Tal punto reside muy profundamente por debajo de la superficie de los dos dominios, ya que a primera vista no parecen mantener fuertes relaciones. Pero lo que ahora se muestra como lo común es el hecho de que, en lugar del contenido de la vida sustancial y, por así decirlo, cuajado en unidades fijas y adscritas al resultado, el proceso de la vida misma ha llegado a ser la esencia e intención del arte de Rembrandt. Lo que pertenece al retrato son las cualidades singulares, los rasgos del carácter, los fenómenos que permanecen en el tiempo o fuera de él. En ellos se cristaliza el proceso de la vida de la personalidad, y en la representación artística del hombre, en Rembrandt, todo se muestra como disuelto en las fluctuaciones del proceso mismo. Al dominio religioso le corresponde la relación entre las formulaciones dogmáticas, los tipos fijados, las formas trascendentes y sus símbolos y el proceso de la religiosidad y de la vida religiosa. Ésta puede encontrar en aquéllos su sedimento, su posibilidad de expresión y su cerrada intuitividad; pero Rembrandt la capta en su estadio anímico anterior, en o antes del *status nascendi* de esos contenidos –con prescindencia de que en el desarrollo histórico-psicológico los necesite como indicadores o mojones. No lo que el hombre cree, no el contenido particular de la vida religiosa sino la peculiaridad de la vida en cuanto es religiosa, es lo que constituye su problema. Tanto en el retrato como en el cuadro religioso, lo que expone es el acontecer soportado por el alma como pura funcionalidad –y entre todos los pintores sólo él ha expuesto este momento con plena fuerza de impresión; únicamente que en el retrato está la individualidad de la vida y en estos cuadros su religiosidad. Pero, así como la individualidad no estaba concebida como algo que por su cualidad residía fuera del tiempo, sino como la forma propia de una movilidad vital que no podía separarse de él ni siquiera idealmente, así también lo religioso es un modo de vivir la vida y no algo que pueda representarse más allá de su proceso. Por aquí se hace sin más comprensible la circunstancia de que estos cuadros religiosos no actúan de una manera tan individual –dentro de la misma especie y del mismo grado– como los retratos. Pues la vida es vista aquí desde una categoría inmanente a ella y que no es la que actuaba allá; pero lo común es que tanto en un lugar como en otro, en vez de los contenidos y resultados de la vida está, en el punto central de la intención artística, lo absolutamente primario de ella y lo funcionalmente determinante. Debido al hecho de que en los cuadros religiosos de Rembrandt se representa la devoción como una consistencia constante del hombre, comprobada en una situación singular cualquiera, es que la religión toma el calor específico de la vida y por eso se puede escapar fácilmente cuando el arte se atiene o a los objetos independizados de esta devoción o a los sucesos especialmente acentuados y a las situaciones encumbradas que se ofrecen por el contacto externo de la vida con aquellos objetos.

Desde este último punto de vista es ilustrativo aclarar la estructura interior de uno de los más grandes cuadros religiosos del clasicismo –dejando de lado la Capilla Sixtina–: *La cena*, de Leonardo. Un acontecimiento en cierto modo exterior –las palabras: Alguno entre vosotros es el que me traicionará– llega al mismo tiempo a cierto número de hombres diferentes y el sentimiento producido otorga a cada uno de aquéllos, que individual y caracterológicamente están separados, una suprema e inequívoca revelación. Es como si, a pesar de aquella diversidad, los elementos psíquico-corporales estuviesen tan concentrados en ellos que esta conmoción única que los atraviesa sin que se resistan lleva sus diferencias a la' superficie. En el cartón de Rafael, *Entrega de las llaves,* la palabra promueve una respuesta en cada uno de los doce. Pero tal respuesta no desemboca en la revelación de la esencia propia y última de cada uno, sino que se atiene a esa expresión que se adapta objetivamente a la situación, con papeles en cierto modo distribuidos, mientras que en Leonardo la situación es la causa ocasional para el despliegue de la individualidad. La consecuencia es que en el *Cenacolo* la individualidad se produce de un modo mucho más decisivo y diferenciado que en los cuadros religiosos de Rembrandt. Pero se trata, una vez más, del encumbramiento hasta un momento o una intemporalidad escultural lo que permite alcanzar esta caracterización extrema y aisladora del individuo.

Las clases de unidad en los cuadros religiosos

La sociología de los cuadros de Rembrandt que tienen muchas figuras es un problema sutil. Cuando un número de personas están reunidas en un marco –tanto en su sentido inmediato como traslaticio– sentimos regularmente una unidad que es algo más alto e indivisible que la suma de sus elementos. Así, por ejemplo, el estado es algo diferente a la suma de los ciudadanos, la voluntad de una totalidad es más que las voluntades adicionadas de los individuos; y los grupos en el arte, aunque desde todo punto de vista puedan ser tan diferentes como el *Paraíso* de Orcagna y la *Assunta* de Ticiano, constituyen siempre una unidad que está más allá de las esencias individuales de los participantes. Cuando es posible abstraer una forma geométrica de los grupos con sentido unitario, semejante posibilidad constituye el símbolo más externo de que la totalidad, que por cierto está formada y soportada por elementos, no puede *pro rata* ser encontrada en ellos. Pero con frecuencia es difícil de interpretar la indudable patencia de este hecho. Los cuadros de Rembrandt no muestran tal forma de unidad sociológica en sentido riguroso. La circunstancia que ya hemos considerado al referirnos a la *Ronda nocturna* de que su unidad está inmediatamente urdida con las esferas vitales de las personas singulares que actúan en él y que no forma un todo separado e independiente que encadena a las personas como miembros de ella, vale también para los cuadros religiosos. Sin embargo, la unidad del sentimiento religioso puede aparecer fácilmente como una corriente que nace y se reúne más allá del grupo mismo, al atravesarlo por dentro. Pero no es ésta la expresión exacta de la cuestión. Al contrario, tal sentimiento tiene su origen, en absoluto, en los individuos, y la unidad del todo procede exclusivamente de la interacción de estas esferas puramente personales y se realiza sin fricciones mediante la igualdad de su contenido. El todo sigue vinculado con los elementos personales en su individualidad, y su unidad no exige el rebajamiento de la última. El hecho de que en los cuadros italianos del Renacimiento no sea patente tal circunstancia se debe a que la forma dominante del todo ha sido cancelada por la orgullosa acentuación propia de las personalidades. Rembrandt se mantiene siempre más allá de esta polaridad; no necesita rebajar o exaltar a las personas, cancelando el todo, porque de antemano cada una vive en el mismo sentimiento que la otra. Por aquí pudo adentrar el instante artísticamente representado en la vida total que fluye en el tiempo de las personas y con ello se derriba aquella puntual indicación alcanzada por el choque de las situaciones. Pero logró así un carácter religioso incomparablemente más espiritualizado de la obra. Es muy notable que en el *Cenacolo* –a pesar de la polaridad establecida por la palabra de Jesús que recorre a todos estos hombres como una ola continua y a pesar también del ritmo maravillosamente pleno de la composición total– no se haya alcanzado aquella unidad tal como existe, por ejemplo, en el cuadro de *Emmaus* de Rembrandt o en los grabados el *Sepulcro y* la *Prédica de Cristo.* Allá las personas traspasan la totalidad por el encumbramiento monumental y estatuario de sus individualidades; son al principio algo por sí mismos y sólo posteriormente se dan unidos por aquella conmoción que procede de una fuente única. Sólo que esta medida o más precisamente esta clase de individualización no se compagina con su naufragio en aquel sentimiento religioso que se derrama sobre una totalidad que constituye algo así como un vaso que ha sido llenado hasta los bordes. No es que la religiosidad en y por sí misma haya renunciado a su grandeza y poderío. Pero el modo como allá aparece el hombre del Renacimiento, orgulloso de su grandeza y poder (un orgullo que no sólo estaba en la conciencia sino en el ser de la persona), el modo como se ofrece en la rotundidad formal de su esencia sigue siendo el de algo que está al lado de lo específicamente religioso. Pues éste reside, más que en la autonomía aquietada, en la vida móvil; la vida como fluir es libre de esta precisión de contornos, y el hecho de que en los cuadros de Rembrandt la devoción sea el modo en el que el individuo vive en general es la condición opuesta a la unidad como reunión. Si al referirme al *Cenacolo* hablé de una ola que atravesaba las existencias uniéndolas, en

Rembrandt diré que ellas están enteramente sumergidas en la ola y disueltas en una comunidad de vida. Pues, por sí mismas, ninguna de ellas tiene el ser resuelto y autónomo, propio de la independencia que alcanzan en las líneas cerradas del clasicismo, sino que residen en la agitación de las ondas del proceso vital. Sin resistencias se mezclan unas con otras; más abatidas, si se quiere, pero más seguras de su religiosidad, porque ésta ya no consiste en el rasgo de una personalidad estable sino en el modo de su vida misma.

Religiosidad individual, mística y calvinismo

En este individualismo religioso se continúa una corriente que justamente se inició en el ambiente que rodeaba a Rembrandt. En el círculo de los *collegiantes* neerlandeses del siglo XVII comenzó una fuerte desconfianza sobre el valor de las iglesias existentes que terminó con el pleno repudio del tipo confesional en general. Nació así un subjetivismo religioso que otorgó al individuo un mayor margen de diferenciación.

En esta carencia de un carácter objetivo y universal de los valores religiosos, reside la profunda razón que mantiene tan lejos a la concepción de la personalidad de Rembrandt de toda posible representación estatuaria. La plástica, por lo menos hasta Rodin, es el arte menos individual; es el arte de las formas más universales. Por eso se comprende que en el Renacimiento románico las formas de las pinturas estén, incluso en ciertas series de un modo típico, como estatuas. A la universalidad del contenido del catolicismo correspondía la universalidad formal del arte; pero el modo de sentir de Rembrandt, para el que el problema de la universalidad no tiene ningún sentido, no le podía dejar espacio alguno a la intención formal que culmina en la plástica. A la religiosidad de sus producciones no sólo le falta el carácter de universalidad, por ser abstracta, y porque la vida religiosa (a la inversa de lo que ocurre con los contenidos religiosos) únicamente puede incidir sobre portadores individuales, sino también porque lo universal es lo que ordena y oprime al individuo. Los hombres de Rembrandt están lo más lejos posible de cualquier religiosidad de la ley que se haya precipitado, como algo universal, en la iglesia y que domine al individuo. No sólo la ley es universal, sino que lo universal es también ley. Un rasgo que por su inmensidad se pierde de vista en los cuadros de Ravenna que tienen por objeto al ser divino y santo –cuando en general permiten un acceso a la relación con lo humano– es lo legal de la religión, lo magistral de la Iglesia. Ella es la que promulga lo verdadero y absoluto, que como tal reúne a lo universal y a la ley. Precisamente esta unidad es la que está muy lejos de las configuraciones de Rembrandt, porque su ser religioso no irradia de un contenido (aunque no se lo rechace) sino que es un proceso vital y una función que se puede cumplir dentro del individuo. Este hecho es particularmente notable en algunas de sus representaciones de Jesús. En muchos grabados, Jesús aparece en su infancia, indigente y aplastado por lo que lo rodea o, como en el cuadro *El samaritano,* de Berlín, se muestra casi como una sombra insustancial, si se lo compara con la potente mujer que, por decirlo así, tiene firmes raíces en la tierra. Sin embargo, si se atiende un poco más, se verá que este ser, débil y vacilante, es el único realmente firme: todas las otras figuras, fuertes y sustanciales son, comparadas con Él, inseguras y parecen estar desarraigadas, como si sólo el Hombre y no ellas, tuviera un suelo bajo los pies y como si sólo Él pudiera estar, con propiedad, sobre tal suelo. Y semejante efecto no se alcanza por un destello de lo trascendente o porque al Salvador le corresponda algún signo que en sentido objetivo y metafísico corresponda a otro orden. Sólo Él tiene la religiosidad más fuerte y poderosa y aquella incondicionada seguridad, entendida como cualidad del ser humano, que le corresponde al hombre como consecuencia o lado de su religiosidad.

Esta circunstancia es tanto más palpable si se atiende a los cuadros primeros, en los que todavía no había alcanzado a sentir esta religiosidad. Cristo aparece como una poderosa personalidad: era el hombre grande, bello y magnífico que dominaba exteriormente a su circunstancia. La medida en que esta línea se desvía de la otra, que de antemano tiene que ser considerada como su esencia más propia, se muestra por el hecho de que también esta dirección se hubiera podido desarrollar hasta la profundidad religiosa última. Tal es lo que en cierto y modificado sentido mostró Grünewald. En la *Crucifixión* –tanto la de Colmar como la de Karlsruhe– y en las *Predelle,* Cristo es el gigante que se eleva por encima de la medida humana, sea por su magnitud o por su intangibilidad frente a todo lo que lo rodea; y sin embargo, lo que es muy contradictorio, sufre los poderes del hombre y el destino más incomprensible. No se habla, por cierto, del alma o de algún sentimiento psíquico singular. Lo grande de la existencia ha sido llevado a representación artística y lo misterioso o contradictorio que ella supone es algo religioso; pero sólo cuando la oscuridad de este acontecer es tan impenetrable que parece haber descendido hasta el fondo último del mundo. Esta existencia, que se simboliza mediante tal magnitud externa, se opone tan paradójicamente a su destino que no se plantea el problema de una solución interna, sino que sólo una idea metafísica o una deliberación divina final puede ir más allá de semejante inaudita tirantez. Nada de esto ocurre con Rembrandt. En sus cuadros religiosos más profundos, la aparición de Jesús está llevada a una medida que puede ser plenamente penetrada por el alma, y su vida y destino es determinable a partir de ella. En los tipos de cuadros a que me refiero, Jesús es únicamente la figura religiosa más espiritualizada de Rembrandt y se distingue de las no-religiosas exclusivamente por su interioridad individual. Ésta puede estar soportada por una gracia o por alguna fuerza que venga de lo sobrehumano; pero Rembrandt no pregunta por ella, sino que limita su problema al ser anímico del hombre, que ha recogido en su vida la condición existente del más allá y como tal no la acentúa de un modo particular.

Precisamente esta seguridad de los fundamentos de la vida, tal como se encuentra en la religiosidad expresiva de Rembrandt, sustrae a su subjetivismo de la mera contingencia de un sentimiento cambiante, propia del sujeto y sin significado en sentido objetivo. Lo grandioso y único me parece ser lo siguiente: la pura conducta religiosa, que sigue perteneciendo al individuo, es patente como un valor de eternidad. Para entender esta concepción de lo religioso no se debe condicionar en absoluto la objetividad de su valor a alguna localización exterior al hombre. La cualidad religiosa del sujeto es por sí misma algo objetivo; es un ser que en y por sí tiene significación metafísica. El mal y depotenciado sentido del sujeto proviene de que se lo condiciona a una oposición en la que lo habitual del pensamiento, vinculado con lo sensible, se pone al servicio, tanto en lo grande como en lo pequeño, de una separación, de un enfrentamiento. Las conmociones y los éxtasis que se trasladan, en las otras representaciones artísticas del hombre, a una revelación, a una apariencia o a una embajada del más allá, pueden ser subjetivas, en el sentido de lo pasajero; y vistas desde el sujeto mismo, contingentes. Pero cuando la efectividad religiosa está cimentada en el ser del sujeto, o mejor, cuando ella es el ser del sujeto, su religiosidad será por sí misma algo objetivo, un valor que una vez puesto torna intemporal y valiosa a la existencia del mundo en general.

Puede no ser fácil entender la diferencia entre este valor religioso y el místico, que le he negado a las figuras de Rembrandt. Será preciso empezar por el principio. Nuestra conciencia del valor está relativísticamente determinada de una manera mucho más universal de lo que en general se concede. Pienso, a propósito de esto, que a muchos valores últimos y absolutos les concedemos o les damos legitimidad ingenuamente, porque el carácter valioso que les otorgamos depende de algo todavía más alto y amplio. El valor de la acción moral, cuanto más profunda y puramente ha sido concebido, parece descansar en sí mismo y rechazar todas las condiciones que desde fuera le llegaran al alma que quiere moralmente. Sin embargo, los pensadores que han propugnado más incondicionalmente la autonomía de lo moral terminaron por derivar su dignidad de la razón, es decir, de la correspondencia entre una acción singular y un reino ideal y universal de normas y conexiones esenciales. Todavía más. El hecho de que nos ordenemos en este reino y obedezcamos a sus leyes es encarecido por ser la conservación de nuestro yo propiamente dicho y del sentido de la autonomía moral. La raíz del valor ético ha sido quitada de este modo de su ser más propio e independiente. La acción, en la medida en que es valiosa, no toma este carácter de ella misma, sino que tiene que extender sus propios límites y admitir una significación que recibe de un todo idealmente preexistente y, por decirlo así, absoluto. No otra cosa ocurre con la verdad. El conocimiento parece alcanzar el máximo de rigor y seguridad cuando, dentro de los límites proporcionados por su objeto, es demostrable exactamente en lo singular. Pero las teorías del conocimiento más profundas no creen que la esencia y la pretensión del conocer se agote con esto. Tal precisión confirmada en lo singular es para ellas la verdad, sólo cuando entra esencialmente en la totalidad y unidad de todo lo verdadero. Semejante cosa no es algo que se añada a la verdad singular, legitimada por sí misma, sino que ésta, en riguroso sentido, no existe como tal; en general obtiene su valor, en cuanto verdad, por pertenecer a aquella conexión total. La exactitud de lo establecido en lo singular basta para el modo de obrar práctico. Pero éste mismo no encuentra su justificación en los límites así trazados, sino que de antemano es la envoltura con la que aquella totalidad de verdad se reviste en este caso particular y aislado. La religiosidad mística pertenece a esta forma. Es cierto que concentra la vida religiosa en lo interior, que se instala en el punto último del alma y en lo que más le pertenece a ella misma; pero, sin embargo, sólo es capaz de admitir el valor religioso supremo porque es más que ella misma, ya que el alma es el lugar de la vida divina. Lo anímico y lo divino es una unidad indiferenciada; pero tal unidad recibe su valor de su ser-divino y no de su ser alma. No obstante la inseparabilidad real o metafísica, en sentido ideal, es la relación que ésta tiene con aquélla la que determina su rango religioso. El sentimiento religioso de las configuraciones de Rembrandt, al contrario, se aparta delicada pero claramente de esto. Lo específico de su valor religioso, al ingresar en su cualidad anímica, se ha agotado en ella, aunque se refiera a lo objetivo y divino mediante la relación de la fe. El elemento de su esencia religiosa, separado tanto de la mística como del teísmo (aunque naturalmente no exista en un aislamiento ideal) se puede designar paradójicamente diciendo que sus figuras vivirían con la misma devoción aunque no existiese o no se creyese en Dios alguno. A la devoción le falta ahora el carácter de relación que existe en otros fenómenos. Como esta devoción no necesita extenderse fuera del alma, no tomará su valor religioso de algo exterior a ella. Si el alma, en la mística, encierra en sí misma el pleno valor religioso es porque está bajo el aspecto de una divinidad absoluta y supraanímica; pero en los hombres de Rembrandt únicamente se puede expresar este valor por la pura y propia vida de sus almas y por la devoción que descansa en sí misma; pero para poder legitimar lo absolutamente divino de la existencia no ha de ser orgullosa sino moderada en sus deseos.

Más difícil todavía es tornar conceptualmente visible a las líneas que separan esta religiosidad de la calvinista. Sin embargo es menester hacer el intento, porque la acentuación universal del momento individualístico en el calvinismo –es decir la responsabilidad del alma individual, la elección o la condenación absolutamente personal que sólo puede ser sentida en la soledad del alma y el efecto de la gracia que se apoya en la más individual activación– vinculaba este sentimiento del hombre religioso con Rembrandt y parece que éste lo hubiera configurado en el arte. Pero si interpreto con precisión el puesto fundamental de Calvino (el calvinismo ulterior lo cambió en parte) será justamente lo contrario. La formación religiosa de Calvino cuenta con dos elementos: por una parte la santa e ilimitada voluntad de Dios y, por otra parte, la ordenación objetiva del mundo empírico de los hombres, que contiene en sí misma tanto a la vida de la comunidad como a la vocación y utilidad económica de los individuos. La gran síntesis consiste en que las relaciones de la unidad han sido llevadas a aquella especie de plenitud que fue trazada por sus normas y exigencias propias, inmanentes y puramente objetivas, y que con ello se ha realizado del modo más completo la voluntad de Dios y se ha simbolizado de la manera más clara lo que pertenece en nuestra acción a la bendición divina. Aquí aparece una nueva clase de valoración de la vida que por alguno de sus lados extremos se aparta de lo originariamente cristiano. Mientras que para éste las condiciones terrenales serían en principio indiferentes, para Calvino son, por una parte, el lugar del pecado y dignas de una condena para la que aquella sublime indiferencia no dejaba espacio alguno. Por otra parte, tampoco dicha indiferencia dejaba espacio a la maravillosa valoración de la ordenación de la vida correcta, conforme al deber de la tierra y rica en consecuencias materiales que cultivó el calvinismo aunque por medios por completo especulativos. Por cierto que el valor de estas ordenaciones objetivas, según su *ratio essendi* había sido puesto por la voluntad de Dios; pero su *ratio cognoscendi* se desenvolvía en la medida del éxito y de las exigencias prácticas que entrelazan la existencia terrenal con su lógica normativa y cerrada en sí misma, y tal existencia también estaría atravesada por ella aunque –dicho algo extremadamente– no hubiese Dios alguno. El calvinismo trasladó una intercepción filosófico-religiosa, que no es extraña en la relación entre Dios y la existencia legal de la naturaleza, a la problemática ético-social. Se ha caracterizado esta relación afirmando que Dios, después de haber dado al mundo sus leyes del movimiento, se ha recogido en sí mismo abandonando el mundo a sus leyes propias y carentes de excepción, de tal modo que sin necesidad de referir estas leyes a su creador son susceptibles de ser establecidas y comprendidas desde el puro plano terrenal. Por cierto que las normas del mundo, en cuanto deben ser propias de él, proceden de Dios; pero han arraigado en su patria terrenal y son derivables de sus propios hechos y relaciones y parecen poder ser sancionadas por las mismas normas que han sido establecidos en la tierra por Dios. La ordenación objetiva y terrenal, el hacer objetivamente conforme al deber y rico en consecuencias, no está para Calvino dentro del valor absoluto que únicamente corresponde a lo divino; tienen –si puedo emplear una expresión en apariencia contradictoria– un valor absoluto dentro de lo relativo, un valor que se adhiere mediante las acciones y sus consecuencias a la existencia objetiva de estas ordenaciones y a la determinación de la imagen objetiva del mundo. El fin absoluto para el calvinismo es el reino de Dios; pero, en virtud de su querer, lo terreno es tratado como si fuese un fin. Para Calvino toda significación metafísica se extiende entre estos dos absolutos. Excluye de ella al individuo como tal; sólo es el puente o la inevitable materia en la que se realiza el intercambio de aquellos dos absolutos. En cuanto tiene una significación valiosa no vive por sí mismo; dentro del plano de relatividad que le fue asignado, no tiene una significación absoluta, la cual sólo corresponde al valor absoluto y a la estructura suprapersonal de lo individual y, ante todo, de la vida de la comunidad. Ahora bien, la diferencia fundamental de las concepciones de la vida es la siguiente: o el sentido y significación de las acciones y relaciones surgen de la honda dimensión de la esencia individual –si es que la vida subjetiva proporciona el valor propio de lo existente y constituye la raíz y el centro del interés–, o tanto los acentos como esta procedencia y dirección del valor se adhieren a la objetividad de los estados y a algo suprapersonal sin sumergirse en la propia vida de lo individual. Según sus motivos fundamentales y decisivos, el calvinismo se ubica en la última línea, oponiéndose del modo más fundamental a la religiosidad de los hombres de Rembrandt. Una vez más se repite aquí la oposición, tratada por tan diversos costados en páginas anteriores, entre la actitud de Rembrandt con respecto a los valores humanos –que se dirige al propio ser del individuo y a su destino, desarrollado en virtud de él mismo– y la clásico-románica, que depende de lo universal y de la formación captable por el concepto. Es ésta una repetición de las motivaciones metafísicas últimas, con sus correspondientes desviaciones; pero es decisiva en la medida en que el espíritu clásico-romántico se separa del calvinista, que lo sobrepasa tanto por la trascendencia como por la praxis terrenal y lleva a los dos a una peculiar tensión y unidad. En el primero el tono metafísico fundamental reside en la forma (no sólo desde el punto de vista físico-externo) que tiende a actuar y a desarrollarse con una legalidad universal; en el segundo reside en las potencias objetivas de la voluntad divina y la ordenación y los modos de conducirse terrenales, eficazmente planeados. Lo común que se les enfrenta es el valor propio del destino de la vida que surge de lo interior o del punto de la individualidad entendida como la fuente metafísica y última de la forma y como una instancia del valor.

La espiritualidad

Ahora bien, en contraste tanto con lo clásico como con el calvinismo y con la mística, interpreto a la actitud religiosa que vive en el arte de Rembrandt del siguiente modo: En él lo religioso no aparece como un elemento ni como un encubrimiento particular de la vida, sino como una modalidad de la vida del hombre en general; pero este ser subjetivamente religioso no agota su significación en su realidad psicológica, sino que es algo metafísico, es un valor supratemporal soportado por la interioridad de un individuo temporal. En las páginas siguientes explicaré esta interpretación.

Primero. El alma en general está en la base de tal significación del alma religiosa. Rembrandt siempre ha sido llamado "el pintor del alma" y esta formulación algo sentimental procede de una impresión justa; pero sólo se despliega el sentido entero de ella cuando se atiende a su contraria. Es un hecho peculiar que los filósofos –que se atienen todos a la totalidad de la imagen del mundo y a la captación sistemática de su unidad– muestran casi universalmente una indiferencia e incluso una aversión por la psicología. A lo sumo acentúan la circunstancia de que al sumergirnos en lo último y más hondo del propio fundamento del alma alcanzamos el fundamento de la existencia en general o el punto en que Dios nos es cercano y accesible; pero esto constituye justamente un transplante del alma en lo metafísico y un evadirse de lo específicamente anímico, que como tal es algo en sí mismo. Y cuando se enreda el alma en el mundo y se la entiende como la cumbre de su desarrollo o, a la inversa, cuando se vuelca el mundo en el alma y se lo entiende como una representación o producto de ella, se mostrará, si es que el alma es sentida y vivida como tal, que el alma y el mundo se excluyen y que aquellas mediaciones lejos de desmentir este hecho deben superarlo.

No sólo en la filosofía, sino también en las religiones y las artes es así. Donde la totalidad de la existencia debe ser concebida, simbolizada y dominada en su amplitud o en su centro objetivamente propio, el alma evitará aquel acento singular por el cual sólo se podría llegar hasta ella a través de las cosas del mundo; y por otra parte si se encuentra con el mundo no sacará de él camino alguno que la conduzca al sentimiento del dominio y de la representación del cosmos. Precisamente porque Rembrandt es el pintor del alma es que le faltan a sus configuraciones –lo cual ya ha sido fundamentado desde otro punto de vista– ese *cachet,* difícilmente definible, de lo cósmico, tal como existe por ejemplo en muchas configuraciones de Hodler que en lugar de expresarse psicológicamente a sí mismas muestran algo cósmico y tanto ellas como las otras cosas son una parte de él. Por supuesto que una decisión sobre el rango artístico o psicológico de uno o de otro arte no está tocado por esta determinación categorial. Incluso las configuraciones de Buda, con su acosmismo, con su apasionado e imposible apartamiento del mundo en general, tienen una relación muy decisiva con el concepto más profundo de este mundo –aunque más no fuese una relación negativa–, y por eso, en sentido psicológico, pueden aparecer muy fácilmente como desprovistas de alma, mientras que la centralización del interés de Rembrandt en el alma no puede venir ni del objeto ni de la exposición de semejante nexo. Hay un cuadro suyo en que todo lo dicho alcanzó una expresión positiva: *La resurrección* de Munich. En el plano anterior, las rodillas de los soldados tiemblan ante la losa levantada del sepulcro: allí está todo el caos sin sentido, en parte violento y en parte risible, de lo terreno. Encima se ve al ángel con un fluir de brillo no terrenal; es como si las puertas del cielo se hubieran abierto detrás de él dejando caer sus glorias. Y en el rincón, casi fantasmal y desde lejos, se levanta la cabeza de Jesús con expresión difícilmente reconocible. De pronto nos damos cuenta: aquí está el alma, ante cuya pálida y dolorosa vida, que la losa del sepulcro impide a medias, se destiñen y anulan aquella tierra y aquel cielo. En esta cabeza no se acentúa lo pictórico sensible ni lo místico religioso, sino algo muy simple: el alma, que, como alma, no es de este mundo... ni tampoco del otro. Se halla más allá de la gigantesca oposición de la tierra y del cielo que rodea a todas las demás posibilidades de la existencia. Este cuadro, que pertenece a sus treinta años, es como el símbolo y el programa de su arte ulterior y supremo. Revela el modo como con el alma está dado algo sin más incomparable: una existencia y un valor que frente a toda otra existencia y valor es soberana e intangible, un reino de lo subjetivo en sí mismo valioso y que quizá escape a toda referencia o posibilidad de vínculo con el cosmos terrenal y tal vez también con el supraterreno. Pero este carácter absoluto del principio entendido como alma puede, en cambio, soportar la religiosidad cuyo contenido metafísico no sea un hecho de salvación dado sino la vida religiosa del alma misma.

La creación artístico-religiosa.

SEGUNDO. La circunstancia de que la religiosidad de las representaciones artísticas de Rembrandt se adhiere al sujeto tan precisamente como su vida misma –porque sólo es una especie de ella– y de que en estas representaciones se revela una objetividad –aunque diferente por el sentido a la de las ordenaciones y frutos efectivos del calvinismo– que está más allá de lo contingente y que es idealmente fija, deberá ser comprendida desde una base diferentemente orientada.

La contemplación profunda del arte distinguirá rigurosamente entre la representación de lo religioso y la representación religiosa, por más que muchas obras muestren la unidad de ambas consideraciones. Tal diferenciación, exigible en cualquier contenido posible del arte, es a menudo reconocida en principio porque atraviesa la contemplación efectiva. La representación poética o pictórica de una escena fuertemente sensual no necesita ser una representación sensual sino que puede tener una esencia formal y puramente artística; y, al revés, la representación artística de un contenido por completo indiferente desde este punto de vista puede presentar una existencia altamente sensual, como por ejemplo ciertos ornamentos de Aubrey Beardsley. Desde este punto de vista actúan como la música, que puede expresar y producir, aunque sin contenido de representación alguno, una conmoción en extremo sensual. La fórmula general de esta conducta es la siguiente: determinados contenidos de la existencia, vividos como realidades o como pertenecientes al mundo empírico, poseen ciertas cualidades y resonancias que no le corresponden naturalmente una vez que han sido trasladadas a la forma del arte. Pero éste, por su parte, puede poseer o no, en sus prácticas singulares, tales cualidades. La forma artística como tal puede estar penetrada por ellas y mostrar o no las formas reales del mismo contenido. Pero al conocimiento esencial corresponde saber que existen obras religiosas del arte cuyo objeto no necesita ser religioso, así como existen muchas otras –lo cual es más frecuentemente reconocido– que son por entero irreligiosas aunque su objeto sea religioso.

Quizá lo conmovedor de las representaciones bíblicas de Rembrandt, que a primera vista sólo se ofrecen como escenas de un *milieu* pequeño-burgués, se podría expresar así: el acto mismo de representar, la función artística del cuadro e incluso la conducción manual del buril, de la pluma o del pincel, están atravesadas por el espíritu religioso. La dinámica del acto mismo de crear tiene el tono peculiar que llamamos religioso y que en el dominio de la devoción histórica y de lo trascendente se cristaliza en los objetos propios de la religión. Por eso estos cuadros no necesitan de singularidad religiosa alguna: el todo es religioso, puesto que es religiosa la energía armónica que lo engendró. De este modo se fundamenta, por el lado del creador, lo que mostraban sus creaciones, es decir que sus formas no necesitaban para nada lo religioso de contenido porque el proceso vital de ellos trasladaba por sí mismo su carácter religioso a cada uno de sus contenidos y esta relación únicamente se construye sobre su capa profunda y creadora. La objeción de que estos cuadros son bíblicos no es válida, pues sólo indican que fueron sugestiones y facilitaciones para el pintor, lo cual permite justamente que su función se ejercite en el contemplador que los siente. El modo como se conducen las posibilidades pictóricas corresponde a ciertos hechos tomados de la historia de la música vocal. En muchos compositores, tanto en el *lied* como en la ópera, el texto y la música son interiormente independientes entre sí. Mozart compuso sobre los textos más miserables porque estaba seguro de que la belleza autónoma de la música los cubriría. En otros, la palabra y el sonido constituyen ocasionalmente una efectiva unidad; pero están en una serie de significación por completo diversa. Otra cosa ocurre con Bach y más tarde, de un modo particular, con Schumann. Aquí existe una profundización tal del texto que hasta llega a impresionar plásticamente. Lo más profundo, lo que puede elevar hasta el sentimiento más general, es lo que constituye la raíz que sostiene la obra de arte entera. Pero así como la música está determinada por el sentimiento fundamental del texto, también éste se ve arrastrado por ella misma; su propia esencia, unificada y fortalecida por su configuración musical, es abrazada y reconfigurada por la música. Aquella primera relación, trasladada al objeto religioso y a su representación pictórica, existe en el Renacimiento superior y en Rubens. Para Rafael carece de importancia la interior significación de una *madonna;* Rubens no pregunta por la significación del *Descenso de la cruz*. En ambos la pintura se refiere, por así decirlo, a sí misma, de tal modo que su impresión no se modificaría aunque contuviese la significación propia del objeto como un cuerpo extraño. En Rembrandt, al contrario, la pintura misma está impregnada por el motivo fundamental y general del proceso representado, es decir, por el ser de lo religioso, y a su vez, el proceso está incluido en el objeto a través del *medium* del procedimiento artístico así determinado. El objeto se configura y adquiere alma a través del devenir del arte, tanto que se agota completamente en su carácter, mientras que lo característico de la función artística, que trasciende en mucho a su singularidad, está sustentado por el sentido más universal del objeto.

Tal interpretación tiene que precaverse de un posible error subjetivista. Con lo dicho no se ha afirmado que Rembrandt, en cuanto persona privada, haya sido un hombre religioso que hubiera trasladado este sentimiento de su vida personal a los frutos de esta vida. No sabemos cómo se ha conducido desde este punto de vista, y los indicios me parecen hablar más en contra que en pro de una religiosidad muy positiva. A lo sumo se podría creer que el desarrollo interior y el destino externo, que constituyen el fundamento subjetivo y personal por el cual, en cuanto pintor –funcionalmente dicho: en cuanto creador de estos cuadros–, es religioso, lo habrían conducido a una profundidad universal de la vida, por decirlo así, indiferenciada. En primer lugar aquí reside, una vez más, su diferencia con los otros pintores de la devoción. Fra Angelico ha sido personalmente, como no se puede desconocer, un devoto e infantil espíritu. Con una inmediatez que, no en relación con el objeto pero sí en relación con el sujeto, se podría llamar naturalismo, ha continuado en su obra su real vocación vital; mientras que, en lo que podemos ver, lo que daba a la obra de Rembrandt el predominio religioso no era la existencia personal, sino el proceso artístico, el modo de concebir y crear la obra. Por eso, en segundo lugar, la obra no se debe simplemente a la observación realística de personalidades devotas. Como ya dije antes, sus hombres actúan de tal modo que viven desde dentro en la esfera religiosa. Sólo bajo esta apariencia inmediata reside, como un *a priori* funcional, lo que se tiene que llamar un modo de pintar religioso, a diferencia del modo de pintar lo religioso. Esta caracterización religiosa sólo se adhiere realmente al modo de pintar: es su ley inmanente y no una realidad de la propia vida para la cual el acto de pintar sería un medio de expresión. No sólo en las figuras es donde expone particularmente este *a priori* artístico, sino en la totalidad del cuadro: la luz y el aire, la composición y el *milieu* entero tienen este tono sentimental –con frecuencia no susceptible de ser mostrado en los puntos singulares– de lo religioso. Semejante carácter del todo sólo puede provenir de un todo, es decir, de un gesto estilístico universal de la producción, sin perjuicio de que se exteriorice en un determinado círculo problemático de tal producción. La exposición, pintada o dibujada, tiene el estilo interior, la movilidad, la solemnidad, la mezcla de lo oscuro y de la luz, la inexpresabilidad y la ingenua naturalidad, que es lo que se ha de llamar religiosidad. Por tanto, la exposición misma es religiosa. No tiene religión ni como confesión de una creencia personal y real ni como reproducción de la religiosidad observada ni como representación artística de contenidos en sí mismos religiosos (aunque éstos se puedan dar). Creo que no se conoce ningún otro creador (le obras de arte religiosas que localice el momento de la religión en esta capa libre de todo lo meramente dado, de manera tal que se pueda intuir una ley de formación del acto mismo de crear, "universal y necesariamente" visible en lo creado.

La luz: su individualística e inmanencia

Tercero. Lo peculiar de las representaciones religiosas de Rembrandt, tanto en relación con las figuras como con la configuración artística, es lo siguiente: la religión está concebida en su sentido psíquico-funcional como religiosidad, con exclusión de todo lo tradicional eclesiástico y de su contenido trascendente. Y este subjetivismo primario se muestra, absolutamente, como un valor objetivo porque, en primer lugar, representa en la forma un en sí metafísico, que es la absoluta significación del alma religiosa y, en segundo lugar, porque llega a ser en el arte mismo un *a priori* que posee la plena objetividad de la forma artística, que es inmanente a las condiciones del acto de crear objetivo. Rembrandt tiene un medio para realizar esta constelación por encima de la individualidad humana: la luz. Esta luz se comporta como la expresión del ser religioso de sus figuras, que llevan en sí mismas e inmediatamente la significación así designada, sin que algún trascendente o algún contenido objetivo y dogmático lo haga visible en ellas. Esta luz, en cuanto realidad natural, es por decirlo así, religiosa, tal como lo son aquellos hombres en cuanto realidades anímicas. Así como ellos están construidos y limitados de un modo totalmente terrenal, aunque su misma religiosidad lleve una consagración metafísica y sean por sí mismos un hecho metafísico, así también la luz en los grabados y cuadros religiosos de Rembrandt es algo por entero sensible y terrenal que no apunta a nada que los sobrepase, aunque ella como tal sea algo supraempírico. Es decir, la transfiguración metafísica del ser intuitivo consiste en que no ha sido elevado a un orden superior sino que sirve para patentizar el hecho de que por sí mismo e inmediatamente es, cuando es visto con ojos religiosos, un orden superior.

Sin embargo, no pensamos en el panteísmo, que, en general, sólo puede encontrar en las artes plásticas una expresión sentimental, flotante y simbolizadora, aunque el conjunto artístico como tal arraigue en presupuestos panteístas. El panteísmo religioso o es la reconciliación de un dualismo cuyos vestigios no están ni necesitan estar desdibujados a fin de que la unidad lograda siga siendo patente, o es una negación, abierta o secreta, de la realidad sensible en favor de la realidad única de lo absoluto. Ambos casos están muy lejos de Rembrandt. Su luz específica no proviene del sol o de alguna fuente luminosa artificial, sino de la fantasía artística; pero en su base está el pleno carácter de la intuición psíquico-sensible y su consagración; y el *hecho* de que no sea de este mundo es el de una cualidad que posee, en cuanto fenómeno de este mundo, como experiencia artística. Se podría reconocer aquí una analogía con las realidades históricas. Véase, por ejemplo, al pueblo neerlandés tal como lo representan los cuadros de campesinos y ciudadanos: tiene la alegría de los sentidos, está firmemente arraigado en la tierra, se abandona de corazón a la buena comida y bebida. Pero sin embargo uno de los espectáculos más conmovedores es que estos hombres llevan consigo, como una posesión ideal, como libertad política y salvación religiosa, a la muerte y a algo peor que ella. En muchos de los cuadros y grabados religiosos de Rembrandt se encuentra simbolizado este hecho. Formas simples, sin los elementos fantásticos de la subjetividad, que son terrenalmente resistentes, pero que en sí mismas participan de aquella religiosidad inmanente, están rodeadas por la luz. De este modo soportan una totalidad que revela el mismo carácter de una interior transfigurabilidad y al mismo tiempo de algo terreno que sin necesidad de trascenderse a sí mismo es supraterrenal. Cuadros tales como el *Descanso en la fuga,* del museo de Haager, o los grises del *Samaritano caritativo,* de Berlín, son manifestaciones sin más únicas en la historia de la expresión pictórica. Así como la música de los grandes compositores trasciende el contenido particular y conceptual del texto del *lied* y expresa, sin embargo, su sentido último con la unidad y pureza más absoluta, así también la particularización de las figuras, desconocidas casi, la especificación del proceso, disuelto en la dramática del claro-oscuro, nos conmueve, como visión, por su más universal, metafísica e íntima interpretación de los sucesos. La luz es la consagración religiosa, el signo del ser de Dios en la atmósfera y expresa, en el mundo espacial que nos rodea, su cualidad interior y propia.

No se puede evitar el problema acerca del modo según el cual la acentuación de este elemento altamente universal se relaciona con la precisión individualística del arte de Rembrandt. Ya antes dije que las figuras religiosas no mostraban la unicidad sola del retrato. Tampoco el carácter religioso de ellas está separado de su vida; antes bien es un *modus* de ella. Es innegable pues que se trata de una cualidad que se puede designar y como tal de algo universal que indiferentemente corresponde a muchos. La unicidad de las formas del retrato descansaba justamente en la imposibilidad de designar algún rasgo singular del carácter, pues si se pudiera hacerlo, existiría idealmente fuera de su portador y no sería algo que le estaría reservado como posesión exclusiva. Tal relajamiento del principio de la individualidad –pues no es más que un relajamiento– se continúa en la significación y acentuación de la luz. Parece que la individualidad se disuelve, en virtud de la luz, en algo universal y conforme al mundo; pero, en primer lugar, el mundo de esta luz es el mundo del alma. Parece que la espiritualidad hubiera abandonado la forma de la individualidad y estuviera anegada por esta profunda y fluctuante dinámica de luz y sombras. Pero tal circunstancia no se debe entender a partir del sujeto, como si significara la expresión de un sentimiento del creador o del contemplador; semejante momento lírico está lejos. Tampoco la significación anímica de esta luz es simbólica. Para alguno de sus cuadros y grabados, que representan paisajes, podría ser válido tal hecho, ya que deben representar ciertos sentimientos o ideas diferenciadas; pero son más alegóricos que simbólicos. En esas representaciones artísticas está inmediatamente la atmósfera y la coloración religiosa del mundo. No simbolizan nada, mientras que en otras pinturas son el símbolo del rayo palpitante que surge del cielo abierto o el brillo que parte del Niño Jesús. Pero únicamente son simbólicas las palabras con que necesariamente se puede captar el hecho artístico. Por tanto es como si la luz fuese en sí misma viviente; es como si la guerra y la paz, la oposición y la afinidad, la pasión y la dulzura de este juego entre las fuerzas de la luz y la oscuridad fueran inmediatamente engañosas. No porque en este juego se exprese algo que estuviera por detrás, sino porque en la estática y la dinámica de nuestras representaciones y afectos singulares pensamos percibir un profundo ritmo de la vida psíquica en general; pero ésta no es la instigadora oculta o la cosa en sí de aquellos fenómenos, sino que es su fuerza y vitalidad misma y sólo difiere de ellas por la expresión propia del pensamiento. El calor sorprendente de la luz de Rembrandt es idéntico a esta vitalidad; en cambio la luz de la *Nochebuena* de Correggio, por ejemplo, tiene algo de mecánico: corresponde a la representación de la luz de Newton, mientras que la de Rembrandt corresponde a la de Goethe. La luz tiene aquí la hondura intensiva, la rítmica del contraste y el flujo y la vibración que ya conocemos como propias de las formas esenciales de la vida anímica. Por eso, y a pesar de que la luz puede ser un elemento tan universal del mundo, en él se presenta con un giro hasta cierto punto individualístico. Con frecuencia he afirmado que esta dirección peculiar del acto de sentir, de imitar y de plasmar que llamamos cósmica no encuentra lugar en el arte de Rembrandt; y considero un error de interpretación el querer ver justamente esto en su tratamiento de la luz. La esencia de lo cósmico, en su sentido más alto, ha de ir más allá del principio del alma; incluso este traspaso de la infinitud psíquica, es decir del elemento del mundo más amplio y más profundamente cognoscible, designaba su significación peculiar y plena. Me parece que la luz en Rembrandt no da testimonio de este elemento absolutamente universal, tal como se lo hace, por ejemplo, en la *Cúpula de la Catedral de Parma,* de Correggio, o, en otra forma, en el brillo dorado de muchos cuadros del *trecento.* También por la aplicación de la luz, que por sí misma va más allá de la individualización humana, Rembrandt está dentro de los límites del sentido y de la dinámica del alma. La luz, lo mismo que el alma de sus retratos, es para él un ser en sí, centrado en su propia e interna significación. No surge de un mundo de luz, que está trabado con continuidad o representado por ella, tal como brilla en los cuadros de van Gogh y, aunque en menor medida, en muchos cuadros modernos del impresionismo francés. De los cuadros y grabados que renuncian a las formas objetivas para consistir exclusivamente de luz, sombras y sus relaciones, diría que en ellos la luz no se siente como una parte del mundo luminoso en general, sino como luz de un proceso único y viviente en este lugar. Lo dicho coincide con lo notado antes, es decir, que la luz específica de Rembrandt no proviene realísticamente del sol o de alguna fuente luminosa artificial, sino que es el resultado de su fantasía artístico-individual. Por eso entre ella y el mundo no se extiende, fuera del suyo, puente alguno, sino que se despliega y limita dentro de su marco. Y lo mismo ocurre con la negación de la luz. Las tinieblas de algunos de sus grabados no pertenecen a la noche cósmica; advertimos que la oscuridad del cuadro no depende del hecho de que la noche rodee la escena que representa. Si fuese dado un fenómeno que en sí mismo tanto podría estar en la claridad como en la oscuridad, sólo sería oscuro si en general fuera de noche; pero las tinieblas de los trozos nocturnos de Rembrandt son una cualidad inmanente al cuadro mismo, y puesto que han sido engendradas en y por el cuadro no pueden extender la oscuridad fuera de sus límites. Tampoco la luz –por haber nacido en y con el cuadro– puede ir más allá de él y aparecer, como en los de Manet y Liebermann, en retroproyección, por así decirlo, como si hubiera sido concebida desde un mundo circundante de luz. Por cierto que la luz con la que se ha pintado los objetos, en lugar de las líneas, es algo universal; pero no lo universal que un cuadro comparte con otro o con cosas, sino el que le pertenece al cuadro mismo. Es la superación de las singularidades mediante la más simple y pura posibilidad de expresión del sentido del cuadro y de su cerrado ser para sí. Se ha dicho que el estilo barroco es el específicamente pictórico, en contraste con el lineal, y se ha advertido que éste pone el acento del valor en los límites de las cosas, mientras que en aquél la apariencia se desliza hacia lo ilimitado. Lo mismo parece ocurrir con Rembrandt. También él disuelve la línea que limita y en lugar de su dirección pone una vida centelleante, agitada y vibrante en todas las direcciones. Pero lo incomparable en Rembrandt es que la infinitud así interpretada es inmanente al cuadro; por sí misma está separada de todo punto fijo y trabada en lo interior del cuadro. Es una nueva instancia fija que no se adhiere a lo inmediato sino a los elementos, en virtud o a través del absoluto predominio espiritual de su separabilidad. En muchos pintores post-clásicos, lo flotante, lo que se libra del límite y lo intangible de los fenómenos conduce a algo que está fuera del cuadro, aunque no por cierto en el sentido directo de que sea una salida espacial. Pero como en Rembrandt la luz está fija en el cuadro y su infinitud está exclusivamente obtenida de su interioridad –porque surge de ella y no viene de otro lugar– se destierra todo extravío, todo salto por encima del contorno de los objetos que están dentro del dominio del cuadro y cualquier dirección o significación de este dominio conduce a su cerrada individualidad. Así pues la luz alcanza en él, hablando metafísicamente, la misma forma de animación que mostraban los retratos. Lo que en éstos es palpable como alma no es una parte o una ola de una mística animación del todo –como ocurre en las configuraciones del antiguo arte asiático-oriental–, ni tampoco es la apariencia o representación del destino más universal del hombre visto con la amplitud y profundidad de lo trágico, propio de la esencia del hombre en general –tal como acontece con las configuraciones de Miguel Ángel–, sino que el alma parece surgir y vivirse totalmente en los límites de una personalidad particular y su destino. Sólo en esta individualización se representa artísticamente en su forma más universal porque no se hace visible ninguna particularidad, cuyo contenido se pueda señalar, sino que únicamente aparece lo funcional del alma en su vida más pura e interior, en una cualidad y determinación que corresponde a su destino. Así, pues, la luz en Rembrandt está confinada al espacio y al proceso de cada cuadro; pero significa (por lo menos en las composiciones que sólo constan de luz y sombra y en las que casi no se puede reconocer particularidad alguna) su elevación, por encima de toda determinación particularizante, a su universal más propio, a la expresión más alta posible de su pura y sublimada esencia. Rembrandt reemplaza la universalidad externa por la interna; no muestra, como ya dije, la unidad del cuadro con lo que está fuera de él, sino la unidad última y simplísima del cuadro consigo mismo. Y de este modo, la luz alcanza aquella particular animación. Como entre lo empíricamente dado sólo el alma permite que lo más diverso sea absorbido dentro o desde la unidad de su más propia vida, la luz también tendrá que poseer –para reunir la riqueza entera y la amplitud de las vibraciones de un proceso religioso representado por muchas figuras en la unidad individual y cerrada de su vida y experiencia vital– la misma fuerza que se encuentra en el alma, es decir, la facultad de formar algo objetivamente diverso dentro de lo universal y unitario y de salvar el contraste entre la individualidad y la universalidad.

Estas relaciones aclaran el hecho de que la luz, cuando tiene aquella universalidad por decir así abstracta, no se vincula, como ocurre en Rembrandt, con la totalidad de cada cuadro en general y con su sentido intimo y artístico. Tal es lo decisivamente visible en la mayor parte de las pinturas del barroco. La luz sólo es un elemento añadido a la totalidad ya preexistente del cuadro; su función es tornar más claros y excitantes aquellos valores y acentos señalados con anterioridad, tal por ejemplo, los contornos de los objetos. Si en los grandes pintores de la luz cósmica actúa, en virtud de su existencia exterior al cuadro, una misteriosa expansión de la visión y del sentimiento, en los pintores medianos del barroco se puede sentir de un modo más claro todavía –debido a esta existencia externa de la luz– la mecánica conexión del cuadro con elementos de diferentes raíces. Pero, incluso entre los maestros del color, fuera de Rembrandt, el claro-oscuro actúa como un medio funcional que matiza el color sustancial y le da fuerza y acentuación. En virtud de su carácter de medio, no pertenece a la misma capa en que están los valores del color y que son los que propiamente constituyen el cuadro. Semejante exterioridad ideal no existe en la luz de Rembrandt. Ella es la vitalidad del cuadro singular unida con sus otros elementos y dada en la forma de la individualidad. Por eso se entiende también que los colores, dentro de su claro-oscuro, no alcancen la pureza y la belleza particular que podrían permitirle la gran separabilidad, no eliminada por las formas de lo individual, de los elementos del cuadro.

Esta individualidad del todo de la obra tiene que renunciar, junto con la relación con el mundo circundante, a la acentuación particular de las partes del cuadro, porque sólo así nace la unidad que es interiormente inquebrantable. Hasta qué punto la luz de Rembrandt soporta semejante unidad es lo que aclara su comparación con Caravaggio. Al usar éste la luz y la oscuridad del modo más fuerte, pero en esencia sólo para acentuar los elementos singulares del cuadro, nace un contraste violento en la recíproca delimitación de lo claro y lo oscuro. Rembrandt, en cambio, al renunciar a las acentuaciones parciales en favor de la individualización del todo, no llega a tal oposición. La luz y la sombra no representan en él, como en Caravaggio –y en virtud de la individualización operada dentro del cuadro– potencias enemigas, sino que al ser el todo una individualidad se convierten en hermanas, cuyas clases esenciales y dominios de actividad se deslizan sucesivamente de una a la otra, y la comunidad de su origen –justamente la unidad que atraviesa todas las singularidades del cuadro mismo– jamás se olvida.

Si esta luz, como pura interioridad, es solidaria con la individualidad del cuadro, no pudiendo ser, por eso mismo, ni cósmica ni trascendente ni simbólica, su último escape a la inmanencia estará también negado. Me refiero a su referencia a la realidad exterior de la luz, a la objetividad de la escena que sirve de modelo. Así como hemos dicho antes que la animación del retrato en Rembrandt no se alcanza por el hecho de que señale al contemplador la realidad del modelo, sino porque en estas obras de arte, que se bastan en absoluto a sí mismas, lo físico del fenómeno es idéntico a la animación, tampoco la luz nos conducirá a lo que ilumina una escena real correspondiente. También aquí se llena la exigencia de una obra de arte pura que consiste en referir su acción a sí misma. Aunque haya recogido en sí mucho del mundo no tenderá, sin embargo, puente alguno como para poder completarse con él.

Incluso una luz tan fantástica como la de *La noche* de Correggio, aparece como una reproducción de la que pertenece al proceso real reflejada en el cuadro, aun con la limitación de que no ilumina el espacio sino la superficie del modelo. Únicamente en Rembrandt la luz nace del cuadro mismo y está referida a lo pictóricamente visible, sin que sea menester imaginar –en virtud, por decirlo así, de esta transparencia– un proceso correspondiente del mundo real. Esta inmanencia del arte de Rembrandt, y que permanece dentro de la esfera de su animación creadora, es la que confiere semejante irrealidad de la luz. La luz real brilla uniformemente sobre lo justo y lo injusto, vincula lo más distante, es sentida por todas partes la unidad de su origen y otorga a lo más incomparable una igualdad de claridad y sombra; es decir, pone en relación todo lo que acontece con lo que ocurre fuera de ella. Por tanto, para el individuo es un elemento en alta medida realizador y niega rotundamente el acabamiento de la cosa en sí misma. Pues a los contenidos singulares sólo les corresponde realidad en conexión con la totalidad del mundo o en cuanto son un nexo en ella. Es un concepto de relación semejante al peso, que sólo es alcanzado por una cosa singular de la tierra mediante la interacción de la totalidad de los cuerpos terrestres. La instalación de este nexo, es decir de la realidad, es, como dijimos, una de las funciones esenciales de la luz empírica. La luz de Rembrandt rechaza esta función pues por ella se trasladaría más allá de lo contenido dentro del marco del cuadro e introduciría al contenido mismo en la realidad exterior a la obra. Rembrandt derriba semejante indicación al modelo real, porque su luz sólo es la luz de este "cuadro" por eso la obra se sustrae, más que cualquier otra cosa, a la realidad y crece con autonomía desde una raíz que no es la de la realidad del mundo. Sólo los cuadros sin luz del *trecento* tienen esta irrealidad: el fundamento es el mismo, aunque negativamente aplicado.

Digresión. – ¿Qué vemos en la obra de arte?

La relación aludida de lo artístico con la realidad predominante de la luz natural proporciona quizá una ocasión propicia para ubicar el problema del realismo en su lugar preciso. El hecho de que en Rembrandt las escenas puestas en luz se encierran, con respecto a ella, en sí mismas y de que cada una es al mismo tiempo un cosmos cerrado que se alimenta de luz, lo aleja, de un modo definitivo del realismo, que considera a la obra de arte como reflejo de un trozo de la realidad; pues en cada trozo de ella la luz es un fragmento o un descendiente de la luz cósmica en general y por tanto sigue fluyendo más allá de la obra misma. La teoría de que el arte es apariencia se vincula muy estrechamente con este realismo.

La apariencia es apariencia de algo y de algo tal que representa al Algo que excita la ilusión de esta realidad, así como la realidad excita su representación verdadera. El acento que la teoría de la apariencia coloca sobre la irrealidad de la obra de arte es, él mismo, una apariencia. Según esta teoría, lo decisivo para el arte sería la circunstancia de que se engendra, psicológicamente, por una representación artística aparente, la misma intuición que viene de la realidad. Ya he rechazado tal cosa para el retrato, en contraste con la fotografía, y luego, al referirme al movimiento en el cuadro. Pero la extensión de la pregunta va más allá de estos casos singulares, pues en su concepción general dice: ¿qué vemos propiamente en un cuadro que representa algo? Y con ello estamos en el centro del problema de la filosofía del arte.

En un famoso grabado de su madre (aproximadamente de 1628) Rembrandt configuró un cuello de pieles que es una verdadera maravilla del arte del grabado: con un par de docenas de trazos mínimos, en apariencia irregularmente dispuestos, ha dado de un modo convincente la peculiar naturaleza de la materia del cuello de pieles. Uno de sus más pequeños dibujos representa un camino de tierra que conduce hasta un bosquecillo. En este caso, el trecho de camino acotado, el alejamiento hasta el bosquecillo y la inmensidad del espacio atmosférico han sido llevados a la intuición con rasgos inconcebiblemente parcos. Sin embargo, el paisaje está allí, con plena precisión e individualidad. ¿Qué hay en estos casos, elegidos, naturalmente, al azar? ¿Acaso veo con un ojo interior un cuello de pieles real y un paisaje real como si la memoria recordara tales imágenes después de que las hubiera visto en la realidad empírica? En este caso el fin de la obra de arte sería el de una intuición interna de la realidad producida de algún modo por ella; y alcanzada semejante meta sería, en su inmediatez, tan inútil como el puente que ha ejercido su función de permitir el paso de un lado a otro. La obra de arte sería efectivamente una apariencia que recibe sentido, valor y sustancia de una realidad que está más allá de ella, porque una igualdad formal externa la vincula con lo real y, en cierto modo, le otorga el derecho de reproducirlo anímicamente. Como ya antes al referirme a un caso especial, dejo aquí de lado el hecho de que al mirar aquellas estampas uno se pueda representar un cuello de pieles o un camino reales. ¿Cómo podría ver este paisaje real? ¿Tiene acaso, como le correspondería a cualquiera de ellos, vegetación verde y cielo azul? Mientras contemplo el dibujo negro y blanco no puedo encontrar en mi conciencia absolutamente nada de esto. Junto a las líneas que yo veo sensiblemente y capto con unidad, mi fantasía no pone nada que tenga extensión y diversidad, los colores y la movilidad de un paisaje empírico. Y lo mismo ocurriría aunque nada supiese del material, pues no conozco ningún paisaje rigurosamente igual al representado por el grabado; de modo que afirmar que el dibujo, al servicio de la fotografía, llevaría a cabo tales escenas y una reunión semejante de los trozos singulares y dispersos del recuerdo, sólo es una hipótesis que sería absurdo discutir. Por tanto, el objeto no se produce anímicamente, con lo cual el dibujo sería una mera apariencia. La estética comete una extraña contradicción cuando ve en la obra de arte un regalo que nos transporta más allá de nuestras posesiones reales y al mismo tiempo presupone que la completamos por una plena representación de la realidad. El dicho: dibujar es omitir, resulta imposible, pues el lenguaje artístico aparecería como una especie de estilo telegráfico a cuya concisión tendríamos que completar con la integridad de la frase normal. Pero en esos dibujos vemos rigurosamente lo que está en el papel y no le añadimos, mediante alguna significación que sea conforme a la fantasía del acto de ver, un *plus* sustancial de un orden diferente al de la cosa. Y si aquel efectivo acto de visión tiene o constituye otro objeto como una suma de trazos puestos unos al lado de los otros, lo que en él hay de diverso o de superior será algo inmanente al acontecer inmediato, será un modo determinado de ver lo existente, una relación funcional de sus respectivos trazos constitutivos; pero nunca un regalo sustancial otorgado por la gracia del recuerdo. Decimos que aquí vemos una piel, allí un paisaje –y con seguridad es más que un mero traslado de expresión no fundado objetivamente. También es indudable que lo podríamos hacer sobre la base de un saber aproximado de estos objetos, de un saber que, en contradicción con lo anteriormente afirmado, tendría que proceder de otras experiencias de la realidad ya efectuadas. Estas dos conclusiones, aparentemente opuestas entre sí, tienen que bastar a la pregunta ¿qué es lo que propiamente vemos en la obra de arte? Por una parte, deben dejar subsistir a la obra de arte como independiente y no menesterosa de integración alguna; pero, por otra parte, han de hacer comprensible la posibilidad de que lo que afirmamos como visto en ella sólo sea dado por experiencias que proceden de la esfera de la realidad ajena al arte.

En relación con este problema se podrá aclarar lo que vemos en el objeto real. Con seguridad no es lo que pensamos, por ejemplo, mediante el concepto de cuello de pieles. En la nueva visión tenemos una impresión coloreada, que es puramente óptica, y cuando se renuncia a toda experiencia táctil, no será tridimensional ni sustancial. Y el hecho de que se recorte de lo circundante como algo determinado y en sí mismo coherente no está dado tampoco por la visión. Pues ésta sólo muestra la imagen superficial del campo visual entero diversamente coloreada, construida con relieves cambiantes, pero siempre continua. El cuello de pieles, como una esencia en sí misma plena de sentido, que se llena y relaciona con un concepto unitario, es el resultado de las abstracciones y síntesis que soportan las sensaciones de contacto, las ocupaciones, los fines prácticos, las ordenaciones intelectuales; brevemente, un gran número de factores psíquicos extraños a los ópticos. No vemos, en absoluto, que esto es un cuello de pieles, sino que tenemos una impresión óptica que, basada en momentos de una procedencia muy diferente, experimentamos o designamos como cuello de pieles. Y si por cuello de pieles real entendemos todo ese complejo de momentos ópticos y táctiles, sustanciales y prácticos, se podría llamar a lo así designado una apariencia. Pues se la creería capaz de excitar la representación entera, tal como lo hace la imagen correspondiente a ella y de este modo sería una ilusión, porque los enlaces se sitúan en otra imagen intuitiva y no en la que conduce a la esfera de la realidad. Dentro de estos enlaces y esferas, la imagen óptica tiene, sin embargo, una forma determinada. Pero, tan pronto como la productividad del artista es excitada por su visión, se produce una estructura de cuya forma es responsable esa productividad. Desde este punto de vista, la forma tiene siempre afinidad con aquélla; pero semejante circunstancia impide tan poco a la autonomía interior y a las propias determinaciones de crecimiento de la primera, como a una poesía de amor le es indiferente el hecho de ser engendrada por la fuerza germinal simplemente artística y autónoma y estar así separada de una vivencia real de amor, pues su contenido corresponde a su propia forma, que no tiene nada que ver con la forma según la cual es vivida en la esfera de la realidad. La visión artística y la configuración de la estructura, que en las relaciones tridimensionales y prácticas es un cuello de pieles "real", se remonta con autonomía, tanto por su origen como por su forma y sentido, hasta el espíritu artístico y sus categorías creadoras, del mismo modo como el cuello de pieles tridimensional se eleva hasta todos aquellos momentos genéticos y correlativos que llamamos reales.

La pregunta por la significación que el contenido o el objeto de la obra de arte tiene para la obra de arte como tal exige, según creo, una respuesta que se fundamentará y aclarará mediante lo establecido. La circunstancia de que la teoría de *l'art pour l'art* deje de lado toda significación del objeto –de tal modo que a priori tendrían igual valor, en cuanto obras de arte, un repollo pintado y una *madonna* pintada– fue una reacción explicable a un arte que se había convertido en el órgano de comunicaciones anecdóticas, históricas o sentimentales o que tomaba su significación y valor de las ideas sublimes y profundas con que decoraban un cuadro. Con respecto a lo dicho acerca del repollo y de la *madonna,* lo negativo es lo más justificado: que la deslealtad y el torcimiento debe elaborar para la obra de arte un incentivo y una significación que proceda de otras provincias del valor y que, por tanto, no ha merecido como un fruto del cultivo del propio suelo. La misma injusta adquisición es la que se encuentra en el mal dramaturgo que asegura el interés de su pieza introduciendo grandes personalidades históricas que el espectador lleva al teatro consigo mismo por un conocimiento histórico logrado en otra parte. El principio de que el objeto de la obra de arte sea indiferente tiene el sentido legítimo de que las significaciones y los valores que el objeto posee dentro de otros órdenes no artísticos no deben añadirse al valor estético de la obra, puesto que le son indiferentes. El hecho de que en la iglesia la *madonna* sea un objeto de adoración, le interesa tan poco a la obra de arte como tal, como que el repollo, en la esfera de la praxis, sea un objeto de nutrición (con la reserva de que el sentimiento religioso, más allá de su realización psicológica o eclesiástica, puede ser elegido como contenido de una pura configuración artística). Esta indiferencia del objeto, que le concierne cuando es considerado fuera del sentido que le presta el arte, se interpreta injustamente como una indiferencia que le corresponde al objeto en cuanto puro contenido de la obra de arte, dentro de la inmanencia delimitada de su valoración artística. Tenerlo también en este sentido por indiferente es una arbitraria ruptura de la unidad de la obra de arte, puesto que en ella ningún elemento tomado en sí es indiferente. Sería muy extraño, por ejemplo, que mientras que la materia del drama o de la epopeya podría ser feliz o infelizmente elegida y (según su dignidad puramente artística) grande o insignificante sólo se le tuviera que rehusar la posibilidad de tal validez de la materia al arte plástico.

Esta afirmación, que en apariencia es pura y artística, se remonta en realidad a una indiferencia naturalística: no se distingue con precisión entre las significaciones que recubren al objeto con la categoría de la realidad de las funciones que ejercen en la configuración de la obra de arte, y se rechazan a las últimas porque se tolera o teme el juego interior de las primeras. La *madonna* no es un objeto más digno de representación artística porque se la venere, mientras que al repollo se lo come, sino porque su representación da una ocasión mayor al despliegue de las cualidades puramente artísticas. Si alguien, por ejemplo, pudiera afirmar y demostrar la inversa consecuencia artística del valor de este objeto, el repollo sería el contenido plástico más digno.

Me parece que es ésta una clarísima conclusión, si es que se admite el presupuesto fundamental de que la realidad y el arte son dos posibilidades coordinadas de la configuración de contenidos idénticos. La estructura resultante no pasa nada a la otra; las ordenaciones del valor, dentro de una categoría coinciden o se separan ocasionalmente de las de la otra y por eso es tan inexacto trasladar las significaciones y configuraciones de un contenido real a su imagen artísticamente configurada como lo sería hacer de las relaciones y valores de la última, posesiones o criterios de su realidad.

Esta esencial equivalencia o paralelismo de la estructura real y artística no se resiente por el hecho de que, para la instalación particular de la última, la intuición de la primera sea la condición empírico-psicológica y tenga que antecederla. Es, aproximadamente, lo que ocurre con las figuras de la ciencia geométrica. El círculo matemático como tal no tiene nada que ver con las figuras redondas del mundo real; pertenece a un orden fundamental y plenamente diferente que no se puede comprobar en el orden empírico-psíquico en general. Sin embargo, si no se hubieran observado en el último algunas cosas redondas, nadie, verosímilmente, hubiera llegado a la idea del círculo matemático. Tal cosa es válida tanto para el creador como para el contemplador. Éste no comprendería –como aquél no crearía– el complejo de trazos si antes no se hubiera visto un cuello de pieles real. Pero lo inevitable de esta mediación, desde el punto de vista, por decirlo así, técnico, no promueve entre ella y la categoría esencial así lograda un vinculo necesario: el trampolín no es el fin del salto, aunque no se lo pueda lograr sin aquél. Aquí reside el error más profundo del historicismo y del psicologismo y que se repite en la teoría naturalista del arte. Todas estas direcciones espirituales, referidas a los más diversos contenidos, muestran una afinidad formal, porque enlazan un resultado logrado –un ser o una obra producida y una categoría realizada en su propia cualidad y esencia– con las cualidades y esencias propias de las condiciones y mediaciones realizadoras de aquellos productos. El sentido último de aquellas teorías se dirige, en cambio, contra el hecho de que en lo objetivo existen contenidos, categorías o mundos que no se pueden derivar unos de otros y de que también en lo subjetivo existe una peculiar acción creadora. Para ellas un ser o un sentido, un valor o una configuración sólo son las estaciones por las que pasa el proceso que nos hacen conocer. No advierten que en todo devenir orgánico y psicológico vive un impulso central y autónomo con el que, en cierto modo, cooperan las condiciones y causas que anteceden a cada estadio. La determinación propia y final no viene de ellos sino de la evolución interior; y es tan absurdo construir a las últimas desde las condiciones señalables en lo singular –por ejemplo, una cultura desde las circunstancias económicas, una idea desde las experiencias, una obra de arte desde las impresiones naturales– como desarrollar las formas desenvueltas de un cuerpo a partir de los medios de nutrición, aunque por cierto dependan de ellos. El camino por el que llegamos a la estructura de las categorías no físicas tiene tan poco que ver con la esencia del fin que alcanzamos a través de él, como el camino que conduce a una montaña y la perspectiva de su cumbre. El cuello de pieles en el grabado de Rembrandt no es, como lo sería una fotografía, una imagen superficial del que realmente llevaba su madre, sino que es una estructura tan independiente y dueña de una raíz tan propia como ella misma.

No es apariencia alguna de la realidad; antes bien, pertenece al mundo artístico y a sus propias fuerzas y leyes: por eso se sustrae en absoluto a la alternativa realidad y apariencia. La apariencia pertenece todavía a la realidad, como un fantasma al mundo de los cuerpos, ya que sólo así es visible; ambos están, aunque en cierto modo con signo contrario, dentro del mismo plano. Pero en el que vive el arte es otro que no se toca con aquél, aunque tanto el artista como el contemplador, para alcanzarlo, tienen que pasar por ese plano. En lo creado, que existe con objetividad definitivamente independiente, los estados psicológicamente previos y las condiciones del proceso de su creación están superados.

Puesto que el arte, considerado desde el punto más profundo y por el cual es en general arte, no tiene nada que ver con la realidad, la pregunta por su relación con ésta ha sido en principio mal planteada. Se comprende así que las respuestas sean contrarias: frente a una pregunta en sí misma contradictoria se puede adelantar tanto un sí como un no y refutar al contrario; pero no se puede dar una demostración positiva de ella. La diferencia entre arte naturalístico y estilizante (idealizador, decorativo o fantástico) no tiene de antemano nada de común con lo tratado aquí, es decir con la diferencia entre las concepciones del arte, entendido como apariencia de la realidad o lo inferido de ella y como estructura autónoma o categoría absolutamente primaria. Pues aquella pregunta concierne sólo a las configuraciones particulares dentro del arte; mientras que la nuestra se refiere a la esencia del arte como totalidad; aquélla se encamina a la relación morfológica entre el producto existente y la realidad que tiene el mismo contenido, la nuestra al presupuesto de todo fenómeno artístico en general.

Es sugestivo pensar aquí en el motivo fundamental de la teoría platónica de las Ideas: la cosa intuitiva y singular no agota su esencia en su realidad individual, que, por decirlo así, no es suficiente para que el sentido de las cosas sea engendrado y comprensible. Antes bien, la realidad empírica es la forma fluyente con que se viste la "Idea", el contenido verdadero o el sentido esencial de las cosas. Pero tenemos que rechazar sin más la especulación metafísica de Platón sobre las Ideas, es decir, el hecho de que les corresponda una realidad sustancial e incluso la realidad propiamente dicha y de que constituyan un reino lógicamente relacionado. En cambio sigue existiendo su profunda significación, es decir, de que las cosas tienen un sentido o contenido independiente de su realidad. Pero Platón hubiera podido andar un paso más y llegar al conocimiento de que la realidad empírica no es la única forma en que se nos expone aquel sentido o contenido de las cosas, puesto que también existe en la forma del arte. El cuello de pieles real y el cuello de pieles grabado son una y la misma esencia expresada de dos modos fundamentalmente diferentes e independientes entre sí. Si pudiéramos librar a las palabras de su lastre metafísico, sería legítimo decir que la Idea del cuello de pieles propio de la realidad y la propia del arte se expresan con dos lenguajes diferentes. La circunstancia de que el primero sea nuestra lengua materna, de modo que tenemos que traducir el contenido del ser o las ideas de un lenguaje que nos sale al encuentro en el otro, constituye una necesidad psíquico-temporal por la que en nada varía la autonomía y fundamentalidad de cada una de las lenguas; pues nada habrá cambiado por el hecho de que cada uno exprese el mismo contenido con sus vocablos y según su gramática y porque esta forma no haya sido tomada de la otra. No obstante tal ordenación psicológica, y con respecto al paralelismo objetivo de ambas, semejante hecho es contingente desde el punto de vista del fundamento último. Ésta es la razón por la cual es posible la teoría paradójica de que el arte no imita a la naturaleza, sino la naturaleza al arte. Con ella se significa que en cada época los hombres ven la naturaleza tal como los artistas se la enseñan. Vivimos nuestro destino real según el modo y las reacciones sentimentales que los poetas han sentido antes que nosotros; en lo visible, miramos los colores y las formas que nuestros pintores nos han sugerido y seríamos por completo ciegos frente a otras formaciones íntimas de la visión, etc. Esta inversión de la relación temporal entre la visión de la naturaleza y la del arte –aceptable o no– es el símbolo acertado del hecho de que ninguna de estas relaciones es interiormente necesaria, puesto que cada uno de sus elementos es, por sí mismo, la expresión autónoma de un contenido ideal que sólo nos es accesible en la forma de tal expresión. El arte no se eleva a la realidad por una relación inmediata, como si fuera un traspaso de la apariencia superficial al lienzo, sino que realidad y naturaleza están ligadas entre si por la identidad del contenido que en sí mismo no es naturaleza ni arte. Por eso, las expresiones empleadas para designar la esencia del arte, tales como superación, separación, distanciamiento, ilusión consciente, etc., no aciertan con su esencia propia. Pues el arte se reduciría a su relación con lo real, aunque fuese de un modo negativo. Pero esta referencia le sirve efectivamente para alcanzar el contenido, que, una vez que ha sido sustraído de la forma de la realidad, constituye una estructura arraigada con tanta independencia como lo real mismo. El hecho de que esté puesta al servicio de una separación de la realidad es algo tan secundario como la circunstancia de que la génesis psicológica de la visión necesite la realidad.

Finalmente se ha respondido así a la pregunta ¿qué vemos propiamente en la obra de arte que representa una realidad dada? Se ha mostrado que esta última expresión no designa en general el comportamiento esencial y resultante del arte. Antes bien, proporciona su previa condición psicológica, el camino necesario para que el creador y el contemplador, a través de la forma de realidad del contenido, llegue a algo definitivo. Por tanto no queda otro recurso que explicar la obra de arte como una mera apariencia tomada de la realidad a la que ella representaría psicológicamente. No sólo según el contenido objetivo, sino también por su consecuencia psicológica en la conciencia, la intuición artística no es algo derivado; pues en cuanto ha sido productiva y receptivamente lograda ha dejado detrás de sí a esta condición de su devenir. Al lado de las energías espirituales que forman la intuición empírico-real están, con independencia equivalente, las que crean la imagen artística. Dejamos indeciso el hecho de que puedan constituir una capa psíquica o metafísica más profunda. Su contenido, cuando lo designamos con el mismo concepto, es idéntico, sin que sea necesaria la existencia de una independencia trascendente tal como la de las Ideas platónicas en el ὕπερ υρανιος τόπος. Lo que llamamos realidad sólo es una categoría con la que se configura un contenido que ofrece una estructura plenamente unitaria. Tampoco el arte es otra cosa y cuando vemos el cuello de pieles de Rembrandt sólo advertimos de modo efectivo estos trazos particulares que no representan un cuello de pieles que existiría de otra manera y que se lograría por asociaciones, sino que son un cuello de pieles, tanto como los pelos llevados por la madre de Rembrandt son un cuello de pieles. Pero no se tiene que vincular con este ser la misma significación práctico-real, sino que es menester aprehenderla en su sentido puro, en el sentido que el lenguaje emplea cuando se refiere al grabado y dice: éste es un cuello de pieles o esto es un paisaje. Una vez que se ha penetrado en el intercambio de las condiciones previas y en los estadios de tránsito del acto de crear y de contemplar y en el sentido definitivamente objetivo de ellos, ya no será una paradoja el hecho de que veamos en la obra de arte lo otro y lo mismo que en la realidad. No puede admitir en sí misma a la realidad porque la intuición plenamente cerrada, independiente por las leyes propias que excluyen por sí mismas y en principio a cualquier otra, es el mismo contenido que como "realidad" ha llegado a ser una intuición igualmente autónoma.

El contenido dogmático.

Si con la interpretación que hemos alcanzado anteriormente nos referimos al sentido de la luz de Rembrandt dentro del arte religioso como tal, lo decisivo será rechazar todo contenido dogmático. No conozco ningún cuadro, por lo menos hasta el umbral de los más modernos, y teniendo en cuenta la totalidad del arte, al que le corresponda en tan escasa medida un culto o que tan poco se aproxime a los cuadros de iglesia. En tanto el proceso bíblico es el objeto propio de la representación artística, su portador personal podría elevar su significación tradicional-eclesiástica hasta la del ser subjetivo-religioso; pero el todo, la escena en general, seguirá estando en las tradiciones objetivas y separadas. También éstas cesan cuando la luz ya no existe para iluminar aquella escena, sino que por su dinámica autónoma, en su profundidad y en contraste con el objeto de la representación, sólo es luz, y el proceso bíblico-humano únicamente es una causa ocasional. Así como en los individuos se expresa o fundamenta lo que va más allá de cualquier dato dogmático –es decir, la devoción sin más o la existencia del alma en su significación religiosa en general–, así también el proceso en cuanto totalidad –o sea tanto su ser histórico como lo fijado por la Iglesia– están reducidos a lo más universal: a la luz. Ella revela el sentimiento general de un alma suprasingular y su religiosidad fluye por dentro de este mundo; pero es una religiosidad cuya elevación y profundización, misión y salvación trasciende cualquier contenido confesional, porque los fundamenta a todos, en virtud de ser lo universal de su esencia.

Lo dicho no debe ser entendido como si Rembrandt hubiera creado la única y peculiar pintura religiosa. Al contrario, lo verdaderamente único de este arte se produce en contraste y en su derecho frente al arte religioso objetivo, cuyo presupuesto es la existencia de los hechos y valores religiosos fuera del alma individual. Ya he bosquejado antes este contraste y sólo me resta trazar algunos límites que encuentra la religiosidad del alma individual y su expresión, porque, en efecto, está limitada a sí misma ya que su vida religiosa se cumple interiormente y sin la insinuación de una referencia a su trascendencia. No es que el arte de una religión objetiva exponga la esencia y los acontecimientos sagrados en su existencia en sí misma significativa y separada de sus reflejos anímicos y contingentes, sino que sólo trata a los procesos subjetivos del alma creyente que se separan de ella o por la acentuación del mundo supramundano o por los hechos objetivos y sagrados. Los hechos de la religiosidad de Rembrandt están por supuesto llenos de lo supraterrenal, entendido como aspiración, certeza o conmoción; sólo que la existencia de lo trascendente que le opone no es para ellos lo primario, no es lo sustancial de su conducta religiosa: el ser propio e interior en cuanto destino religioso de ellos sigue siendo la corriente que surge del alma misma. Pero, justamente por eso, el dominio de las vivencias psíquicas en las representaciones del arte religioso de Rembrandt tiene innegables vacíos.

Falta, en primer lugar, un motivo esencial del cristianismo: la esperanza, es decir un sentimiento que sólo aflora a la vida del alma como referencia positiva a un más allá o algo supraanímico. Mientras que sobre todas las figuras del *trecento* flota el Paraíso de Dante, mientras que en la excéntrica movilidad del barroco el hombre se eleva solemnemente al cielo, en Rembrandt no hay esperanza ni desesperanza: sus configuraciones están más allá de tales categorías. El alma se desprende de la super-abundancia del cielo y del infierno y se recoge sobre lo que en sentido inmediato es su posesión. Tampoco están dadas en estas configuraciones las experiencias religiosas de la necesidad de salvación y de la gracia. Si los estados psíquicos así designados se engendraran desde las fuerzas interiores del alma, únicamente alcanzarían su esencia específica cuando conscientemente encaminaran su mirada hacia algo exterior al alma, y de ello dependieran totalmente. Pero se revela así una forma muy apresurada de la conducta humana. Psicológicamente podríamos estar convencidos de que para nosotros sólo existe la conciencia inmanente, de que los contenidos de nuestra vida son únicamente modificaciones de la autoconciencia. Y metafísicamente podríamos estar convencidos de que todas nuestras experiencias y realizaciones de valores residen en el camino del alma hacia sí misma, de que no se puede encontrar nada más que lo que de antemano era propiedad de ella. Esta evolución interior, sin embargo, conduce innumerables veces a lo externo y en general no puede alcanzar su fin y el punto más espiritualizado del valor –concediendo incluso que éste reside exclusivamente en ella misma– de un modo directo, sino que necesita un rodeo y pasar por algo que reconoce como exterior a ella misma. Lo dicho está en conexión con lo que en general es la esencia de la vida, es decir el ir más allá de sí misma y dejar lejos de sí a todo momento, lo que ocurre tanto con el impulso de autoconservación como con los actos de engendrar, representar y querer. Tal apremio por trascenderse y por afirmarse a sí misma es en cierto modo recurrente. Después que ha llegado hasta el camino que conduce hasta la objetividad externa e ideal, la vida se recoge sobre sí misma, dotada con posesiones y reacciones que sólo valen para ella, pero que únicamente pudo lograr o engendrar mediante esta penetración en lo otro. Admitiendo, con todo, que el alma gira en torno de sí misma, la modalidad de su vida íntima, sin embargo, sería la de las oscilaciones que la llevan más allá de ella misma, hacia la creación de lo otro, hacia lo que se le enfrenta y que es lo que reacciona sobre el alma. Ahora bien, existen ciertas perfecciones del alma que permanecen absolutamente cerradas dentro de sus límites, tales como los valores del ser, del sentir, del autodespliegue, del anhelar; y la religiosidad que expresó Rembrandt se mantiene en la atmósfera e intención de tales valores. Si se admite que en todas las religiones se trata, en realidad, de lo íntimo, de la propia vida del alma, y que todas las objetividades extrapsíquicas sólo son mitos, reflejos, hipóstasis de ella o algo semejante, será innegable que ciertas vivencias puras e íntimas se producirán únicamente cuando se quiebra esa atmósfera de la inmanencia, cuando el alma, con un acento centrífugo, apunta a estructuras objetivas y las vive mediante un rodeo. Sólo así existe la creencia, por más que la credulidad pueda ser una conducta pura e interior del alma. Sólo así podrían dominar sobre la expresión religiosa, la esperanza y la depravación, la salvación y la gracia, con indiferencia de que lo que se opone a todo esto y no lo condiciona aparezca como una estructura del alma misma desde un punto de vista que no es el religioso; por ejemplo, desde el punto de vista intelectual. Por eso a esta religiosidad le falta el momento del riesgo. No existen aquí las fecundas incertezas, el sentirse abandonado, el gusto por lo oscuro ni tampoco la peligrosidad, producida por la exigencia absoluta que viene del más allá –que es la que destruyó la vida de Miguel Ángel y que con muchas variantes se continuó también en la vida de sus configuraciones. Pero no por eso se le debe imputar a las de Rembrandt un sentimiento filisteo de seguridad. Antes bien, está más allá de la alternativa de peligrosidad y salvación, porque ambas –incluyendo todos los fenómenos de la serie así fijada– aparecen únicamente cuando se traslada el acento de la vida religiosa al contenido objetivo religioso. Si este acento se apoya en el proceso religioso subjetivo puede ser en sí mismo metafísico y con validez eterna; pero, puesto que la religiosidad, según su más profundo sentido, no transcurre dentro de la oposición sujeto-objeto, carece del presupuesto de aquellos sentimientos. Por eso no están en el arte de Rembrandt; pero no es simplemente un déficit, sino la consecuencia necesaria y constante de su esencia, que se opone de modo polar y con una decisión y grandeza particularísimas a los tipos artísticos de la religión objetiva.

Conclusión
Creación y configuración

Los productos de la historia del espíritu están atravesados por un contraste que se podría designar con los términos de creación y configuración. Con cierta extensión de los conceptos diríamos que fuera de las puras imitaciones no existe obra humana alguna que no sea al mismo tiempo configuradora y creadora. Así como no nos es dado crear sustancias corporales, sino que toda actividad exterior modifica o transforma elementos físicos dados, así también no existe ninguna actividad o acción espiritual que no presuponga el darse de algunos materiales en cierto modo espirituales. Por otra parte, lo que todavía no ha sido, es decir la transformación o la ulterior configuración de lo dado o lo que se sigue de la peculiar fuerza no deducible del individuo, es precisamente una creación. En todas esas operaciones reside un elemento por el cual aumenta, en cierta medida, todo lo que ha sido de antemano hallado y todo lo transmitido, y la unidad de la obra se constituye justamente cuando se siguen configurando esos elementos. Es esta peculiar combinación la que hace del hombre un ser histórico. El animal repite sin más lo que su especie ha hecho desde siempre. Por eso cada individuo comienza desde el principio, desde el punto en que también habían comenzado sus antepasados. El hombre, porque no sólo repite sino que crea lo nuevo, no puede recomenzar continuamente, sino que emplea un material y antecedentes dados en los cuales o en la base de los cuales se realiza su producto como una nueva configuración. Pero tampoco seríamos seres históricos si fuéramos absolutamente creadores, si nuestra operación creara lo nuevo sin más –seríamos en todo caso suprahistóricos– o si nos mantuviéramos absolutamente, sin creación alguna, en lo dado y en sus remociones mecánicas o transformaciones en riguroso sentido. Llamamos histórica a una existencia que crea lo nuevo y lo propio de ella; pero sobre la base y como desarrollo o configuración de lo ya existente y trasmitido. Histórica es la síntesis orgánica, vivida por nosotros, de la creación y la configuración.

Si aceptamos esta base general y unitaria hemos de distinguir, dentro de la productividad de la individualidad humana, la que en esencia es configuradora de la que en esencia es creadora –por difícil que sea realizar la separación según criterios objetivos. Quizá sea imposible encontrar un criterio semejante; pero ambos caracteres se podrán aclarar mediante algunos ejemplos singulares. Si atendemos a la individualidad de los pueblos, no cabe duda de que el griego-clásico es configurador –aunque naturalmente no nos basamos con lo dicho en el genio incomparablemente creador de su espiritualidad, sino tan sólo en lo que se debe caracterizar como su especial exteriorización. Ante las especulaciones hindúes, como ante muchas otras posteriores de Europa occidental, se tiene la impresión de que taladraran el fondo de las cosas y de que quisieran hacer brotar un mundo nuevo que, por cierto, ha de concordar con el mundo dado. Para el griego, en cambio, el mundo dado es la materia inevitable en cuya configuración conceptual y artística se agotan sus esfuerzos espirituales. Para ello no necesita ser empirista o naturalista, pues el mundo dado no le basta en modo alguno; sólo es la materia, la ὑλη que configura por el pensamiento y por el arte a fin de que corresponda a su predominante necesidad de rotundidad intuitiva y de razón en sí misma armónica. Mientras que el arte hierático del Asia oriental y el egipcio templaban las formas de su fantasía no sólo en el sentimiento de soberanía sino también en una despreocupación menospreciable y negativa por lo dado, el griego sigue siendo siempre el hijo de la tierra. En primer lugar porque lo dado es la materia jamás del todo perdida de su actividad configuradora y, en segundo lugar, porque lo configurado mismo es puesto en lo dado o debe tener el carácter de poderse dar. Las Ideas platónicas, tanto en la significación lógica como en su función normativa con respecto a lo terrenal, constituyen un mundo supraceleste, que el alma ha visto como algo dado en su existencia preterrena, y a partir de él configura conceptual y prácticamente a lo terrenal. Incluso el sentimiento del amor no es, para Platón, espontaneidad alguna del alma, sino que nace por el recuerdo, mediante lo dado en la tierra, del modelo de la belleza dado en el reino de las Ideas. El anhelo del pensador griego-clásico, o mejor, su inconmovible centro dogmático, es el ser, la sustancia constante que descansa en sí misma. Con este presupuesto se comprende que su actividad creadora sólo pueda ser configuradora. Y aun su poesía dramática revela este rasgo, ya que su tarea es volver a configurar y transformar siempre una misma materia tradicional y heredada. Por eso su drama no conoce, en sentido propio, culpa alguna. Lo trágico está en lo dado: que el hombre sea así o de otro modo, que haga o padezca esto o aquello. El problema está únicamente en la manera como su propia fuerza y su *ethos* da forma a lo dado y en el modo según el cual el poeta lo configura. No descienden hasta la hondura sin orillas ni la plasticidad de la "libertad", que jamás es dada y que origina de inmediato la culpa. En ellos el problema de la libertad no surge de lo profundo, porque siempre están basados en el ser y el mundo dado, que son los que el espíritu determina mediante la configuración.

Por grande y suprema que sea la fuerza creadora presupuesta en esta configuración, sólo se podrá llamar creadora, en sentido específico, a otra modalidad esencial, a aquella cuya fuerza productiva origina la materia y la forma de sus configuraciones en estrecha unidad. Hasta cierto punto paradójicamente se podría decir que se produce desde la nada, porque no se siente, como en las configuraciones clásicas, algo preexistente y dado que es recreado por una forma que llega. Naturalmente no se incluye, en todos los casos, la admisión de trozos de existencia dados ni la fidelidad a la naturaleza en la obra de arte. Pero con ello no se afecta a la diferencia entre la voluntad espiritual y la intención. Por sí mismo se comprende el hecho de que ningún ser histórico es la pura y conceptual incorporación de un lado único; al contrario, no sólo se muestran pasajes y mezclas de uno y otro lado sino también perplejidades y multivocidades de la asignación. En las realidades hay una falta de diferencias o una carencia de mediaciones entre aquellos lados, de las cuales, en cuanto principios, nada sabemos. Pero también –y ello es muy instructivo– aparecen en los individuos singulares como obstáculo y lucha. Miguel Ángel fue, por cierto, el tipo más perfecto de creador: el poblado mundo de sus configuraciones surgió exclusivamente de su espíritu. Pero las configuró de acuerdo con las normas de la tradición clásica y la potencia que éstas ejercieron quebrantó la impetuosidad de su fuerza creadora. No obstante, con trágico conflicto, se sentía unido a ellas. La configuración clásica le impuso una ley que le era extraña en lo más íntimo, no sólo porque tenía un alma gótica, sino, en esencia, porque esta forma llevaba el tono eminente de una legalidad preexistente que contradecía a la libertad de la creación. La fuerza de su genio empero le dio unidad a las obras. Pues, así como la paz es una forma de unidad de elementos heterogéneos, lo es también la guerra. Desde siempre se ha advertido en las configuraciones de Miguel Ángel que el poder de una pasión que irrumpe desde dentro lucha contra el rigor de la forma; que una dinámica en sí misma informe ha sido desterrada a una clásica legalidad del contorno; y que, como unidad del todo, se aprehende el momento de igualdad de poder de los adversarios. Todo esto, desde el punto de vista del sujeto, no es más que el dominio simultáneo del par de antagonistas citado: la creación y la configuración. Rafael, en cambio, no deja sentir nada de este dualismo. De antemano su problema consiste en transformar lo dado en un mundo de belleza, cuya imperturbabilidad de leyes –que por ser independientes son inquebrantables– está garantizada. Las configuraciones singulares aparecen como desarrollándose desde principios universales de la forma, así como en una inferencia lógica una determinada conclusión es el resultado de dos proposiciones anteriores y universales.

Ahora bien, la creación, en el riguroso sentido indicado, se sustrae, más aún que la configuración, a la descripción analítica. Pues su generación no tiene elementos asignables a partir de los cuales pudiera brotar, sino que, como inmediata unidad, crece del fondo más profundo y creador de la personalidad. Ninguna forma preexistente, elevada por encima del mundo dado, dicta su ley (aunque esas formas pudieran ser engendradas por el espíritu); tampoco hay fundamento alguno de las cosas que por ser más sustancial y universal fuera capaz de llevar a la configuración a la claridad y la racionalidad, tal como por ejemplo ocurría con el clasicismo de la Antigüedad, del Renacimiento y también de Goethe. Aquí la vida habla en el sentido absoluto en que ya no se opone a la forma, sino que, como ser en sí mismo, nace inseparable de la forma que se le adhiere. Entre los grandes representantes de este tipo, en Shakespeare y Rembrandt (también se cuenta entre ellos al tardío Beethoven; pero la peculiaridad de la música complicaría demasiado la referencia de la dirección que ahora consideramos), no vemos la estructura mediante un sentido o una forma que se podría expresar fuera de la realización individual. Considerar a Otello como la materialización de los celos o a Macbeth como la de la ambición tendría tan poco sentido como afirmar que la torre de la Catedral de Estrasburgo es la materialización del triángulo, geométrico y abstracto. Al no partir de Shakespeare y de Rembrandt considerados como personalidades o como expresiones de la altura de su valor, sino de la especie de sus estructuras, se los tendrá que caracterizar como creadores en oposición a los configuradores. Sólo como símbolo aclaratorio consideraremos aquí las diferentes representaciones del poder divino. Por una parte, se lo representa como creador; en ese caso, la sustancia de la existencia, así como sus formas y destinos, nacieron desde la nada por el acto creador de Dios. Puesto que este nacimiento desde la nada ofrece al pensamiento una dificultad apenas superable, se admitió un ser sustancial entendido como un mundo existente desde la eternidad en el cual el poder divino realizaría una configuración, la del mundo dado. Allá la existencia inmediata de todo lo que existe, sin que la materia y la forma se separen, es la prueba de una creación divina, puesto que tal existencia exige una causa absoluta; aquí, la legalidad y finalidad, las bellezas y armonías del edificio del mundo indican un arquitecto que ha configurado con sentido a la materia bruta y meramente existente. Es manifiesto que con esto se ha llevado a lo absoluto y religioso la oposición que planteamos para el dominio del arte.

Si se concibe la creación en este sentido determinado –ya que en sentido amplio, como dijimos, también la configuración es creadora– el resumen de todo lo hasta ahora adelantado estará dado por el hecho de que Rembrandt se puso de este lado de la oposición. Tanto el principio de la vida como el de la individualidad, en el significado que les hemos reconocido, se vuelven contra la separación de la forma de la totalidad del ser, aun cuando esta forma no sea algo transmitido sino una propia y original producción. Es suficiente que en la obra haya alcanzado aquella acentuación por la cual llega a ser algo universal –aunque sólo idealmente universal– para que la estructura singular se separe de la existencia. Cuando ocurre tal cosa, parece que la forma adviniera a una materia dada, más o menos arbitrariamente, engendrando así la estructura individual; mientras que en la creación ésta surge de manera inmediata. Tal carácter parece ser lo propio, históricamente, del espíritu germánico, por lo que se comprende que para un modo de sentir diversamente dirigido, se presente como algo informe y desprovisto de estilo, ya que el estilo es siempre lo universal y formal que impone la ley de su aparición a la unicidad de lo real. Y, al mismo tiempo, se comprende una de las razones por las cuales la esencia de lo germánico es inabordable para el que está fuera de ella. Pues es evidente que las formas universales del hacer y del plasmar facilitan la penetración en la estructura. El punto en que el sentido germánico de la individualidad, propio de Rembrandt, se vincula estrechamente con su creación reside en el rechazo de la forma universalmente válida –o lo que es igual, de la forma que vale en sí misma. La circunstancia de que Shakespeare y Rembrandt aparezcan a las épocas dirigidas por lo clásico como bárbaros, es la metamorfosis artística –y como tal, la oposición básica, que tan pronto se realza como se acentúa y se torna conciliadora– de un rasgo fundamentalmente germánico que en el extranjero produce la impresión de cierta carencia de habilidad y de forma. Sobre la falta de esas formas universales, que en cierto modo podrían funcionar como puentes tendidos hacia la realidad singular, se fundamenta la soledad y la difícil accesibilidad del espíritu germánico; características éstas que se manifiestan tan pronto como se lo relaciona con el restante mundo de la cultura.

Los contrastes en el arte

El contraste entre el estilo clásico y el de Rembrandt, entre el arte de la religión objetiva y subjetiva, acarrea, aparentemente, la imagen de una oposición, de una interior hostilidad y de una positiva y recíproca exclusión. Las posibilidades humanas están en polos así opuestos de las dos formas del arte, como si a cada uno se le presentara la elección de decidirse por una u otra. Aquí existe pues una diferenciación altamente fecunda de los grandes dominios del espíritu. En la teoría sólo se reconoce una verdad; puede haber diversos caminos igualmente justificados para llegar a ella, pero toda consignación definitiva resulta de la incondicionada exclusión de otra respuesta posible a una pregunta propuesta. La conducta práctica, determinada por el sentimiento y la voluntad, sigue muchas veces el mismo molde, es decir, rechaza radicalmente una decisión posible si tropieza con otra contraria. Pero sin embargo muchas veces tratamos de recorrer al mismo tiempo dos caminos que son lógicamente contradictorios entre sí, o nos esforzamos por lograr una mezcla o compromiso entre ellos, o al decidirnos reconocemos, por lo menos, que el otro era igualmente posible y justificado. Pero los contrastes dentro del arte exigen muchas interpretaciones particulares. Para el creador, el problema no se discute, puesto que justamente es una de las partes del contraste. Pero la decisión del valor no está únicamente acertada por el gusto subjetivo e irresponsable del contemplador, sino que pensamos en una decisión capaz de emitir un juicio que, aunque no esté libre de alguna acentuación unilateral, sea según su intención, objetivo. Pero, por grande que sea la unilateralidad del modo de sentir y de dirigir el estilo de una obra de arte, no se encontrará sin embargo, el partidismo o la acentuación más o menos agresiva de la contrariedad que se halla en las otras manifestaciones humanas. Un arte, si es grande, representa de la manera más radical posible un modo de sentir o un estilo; pero jamás será un arte exclusivo, que al rechazar a su contrario lo exige, sino que la totalidad de la vida residirá de alguna manera en él y trascenderá a cualquier contrariedad. La posibilidad del arte, no captable lógicamente, pero innegable, es que fluye del punto más profundo, único y singular de la personalidad. El arte es su expresión; pero sin embargo esta particularidad es algo así como una vasija que puede contener tanto a lo absolutamente universal como a la unicidad total. La parcialidad de aquel contraste traiciona a la corriente vital, de la cual, como cualquier otra del mismo estrato, sólo es una ola. Para aclarar lo dicho no se ofrecen muchas analogías. Todo carácter nacional, por ejemplo –si tiene significación histórico-universal–, soporta en su particularidad a la humanidad supraindividual y ésta es justamente la condición de su significado histórico-universal. También se podría pensar en las religiones y en lo absoluto porque dominan también la condicionalidad histórico-particular. Sin embargo, comparada con el arte, la religión tiene una forma desfavorable. El fundamento de su esencia y devenir, como estructura, es lo absoluto: no sólo se acrecienta por lo suprasingular sino que desemboca en él. Pero como sólo aparece como religión particular –conmovida por las relatividades de los partidos de la vida y con una eficacia o cualidad que se revela por la exclusión de toda otra –se aparta, en cierto modo, de su sentido último. La unión de lo supraindividual y lo individual significa un estrechamiento porque su base es lo primero. Para el arte, en cambio, que tiene su raíz en lo último, el significado de esta unión es el de una ampliación; mientras que para la religión era una especie de desviación de su significado definitivo, para el arte constituye un entrar en su propia significación. Así como a los valores totales de otros dominios, también se podría tasar el artístico diciendo que entre todos los grandes dominios del espíritu sólo al arte le es dado expresar, sin contradicción y en la más pura peculiaridad del estilo, a la personalidad del artista y a la obra singular dentro de una totalidad de existencia llena de sentido y carente de toda dualidad. Este hecho del arte simboliza del modo más profundo uno de los caracteres de la estructura de la vida. Recuerdo las consideraciones con que comencé estas páginas. La vida de cada uno no tiene su portador o su totalidad en la suma de sus momentos singulares (no se sabe cómo se podría realizar semejante adición), sino que cada instante es la vida entera cuya esencia consiste precisamente en ser más débil o más fuerte, en estar de éste o de otro modo coloreada y en realizar un contenido u otro. Pero en cada una de estas configuraciones se derrama siempre la vida entera. Una vida no existe fuera de sus momentos singulares, sino que es lo uno y el todo, por más que sus formas, incesantemente cambiantes, parezcan ser –según su significación expresable por conceptos y de acuerdo con un sentido objetivo separado– contradictorias e inconexas entre sí. Y este carácter es el que se trasmite a su expresión artística (lo que naturalmente sólo es válido para aquella capa de universalidad más alta que incluye, mediante el singular estilo del arte, al contraste entre la afirmación y la negación específicas de la presente concepción de la vida). Pero, puesto que aquí se trata de un dominio parcial y de una objetividad que se ha cristalizado desde el proceso vital, la configuración de la vida en una obra de arte singular puede ser más o menos completa, lo cual es tanto más decisivo, teniendo en cuenta el hecho de que la vida tiene un sentido amplio y supra-individual. Si la diferenciación de contenido y función de los momentos de ella no impide que se la exponga entera en su portador, cada estilo artístico, en cualesquiera sus rasgos diferentes y susceptibles de ser señalados, será algo así como un vaso cuya particular forma admite dentro de sí a la totalidad de la vida. La interpretación de tal perspectiva bastará para que el contraste indicado de los estilos del arte se aleje de la sospecha de una jerarquización hostil de los valores. Donde exista, como aquí lo concedo, una relación lógicamente oscura del hecho de que cada uno de los partidos contenga –aunque no en sentido numérico o conceptual– la vida entera, será menester elegir, pero no decidir entre ellos.

Bibliografía

1. Obras de Simmel en lengua alemana

Das wessen der Materie nach Kants physicher, 1881.
Ubre soziale Differenzierung, 1890.
Einleitung in die Moralwissenschaft, 1892.
Die probleme der Geschichtsphilosophie, 1892.
Philosophie des Geldes, 1900.
Kant. 16 Vorlesungen gehalten an der Berliner Universität, 1904.
Kant und Goethe, 1906.
Schopenhauer und Nietzsche, 1907.
Sociologie. Untersuchungen über die Formen der Vergesellschaftung, 1908.
Hauptprobleme der Philosophie, 1910.
Philosophische Kultur. Gesammelte Essays, 1911.
Goethe, 1913.
Rembrandt. Ein Kunstphilosophischer Versuch, 1916.
Grundfragen der Soziologie, (Individuum und Gesellschaft), 1916.
Der Krieg und die geistingen Enscheidungen, 1917.
Lebensanschauung. Vier metaphysische Kapitel, 1918.
Zur Philosophie der Kunst. Philosophische Aufsätze, 1922 (Gertrud Simmel comp.).
Brücke und Türk. Essays des Philosophen zur Geschichte, Religion, Kunst und *Gesellschaft*, 1958 (M. Susman y M. Landman comps.)
Das individuelle Gesetz. Philosophische Exkurse, 1968 (M. Landman comp.).

2. Obras de Simmel en lengua española.

Sociología, Madrid, Espasa-Calpe, 1939.
Schopenhauer y Nietzsche, Buenos Aires, Editorial Schapire, 1944.
Problemas fundamentales de la filosofía, Madrid, Revista de Occidente, 1946.
Problemas fundamentales de la filosofía, Buenos Aires, Editora del Plata, 1947.
Goethe, Buenos Aires, Editorial Nova, 1949.
Intuición de la vida, Buenos Aires, Editorial Nova, 1950.
Rembrandt. Ensayo de filosofía del arte, Buenos Aires, Editorial Nova, 1950.
Schopenhauer y Nietzsche, Madrid, Francisco Beltrán, 1951.

El problema religioso, Buenos Aires, Editorial Argos, 1953.
Filosofía del dinero, Madrid, Instituto de Estudios Políticos, 1977.
Sociológica, Madrid, Alianza, 1984.
El individuo y la libertad. Ensayos de crítica de la cultura, Barcelona, Península, 1986.
Sobre la aventura. Ensayos filosóficos, Barcelona, Península, 1988.
Rembrandt. Ensayo de filosofía del arte, Murcia, Colegio oficial de arquitectos, 1997.
Cultura femenina, Madrid, Alba, 1999.
Intuición de la vida, Buenos Aires, Almagesto, 2001.
Estudios psicológicos y etnológicos sobre la música, Buenos Aires, Gorla, 2003.
La ley individual y otros escritos, Barcelona, Paidós, 2003.

Impreso por CaRol-Go S.A.
en Marzo de 2006
Maipú 474 / 1º piso / of. B
(C1006ACD) / Buenos Aires / Argentina
Tel. 5031-1947 / carolgo@carolgo.com.ar